W'

万榕

传播新知 优美表达

隽永盛世

大唐史

吉人天相 著

SPM
南方传媒

花城出版社

中国·广州

图书在版编目（CIP）数据

隽永盛世大唐史 / 吉人天相著. -- 广州 ： 花城出版社，2025. 1. -- ISBN 978-7-5749-0366-1

Ⅰ．K242.09

中国国家版本馆CIP数据核字第2024YB7390号

出 版 人：张　懿
选题策划：王会鹏
特约编辑：李　明
责任编辑：曹玛丽
责任校对：张　旬
技术编辑：林佳莹
封面设计：任展志

书　　名	隽永盛世大唐史	
	JUANYONGSHENGSHI DATANGSHI	
出版发行	花城出版社	
	（广州市环市东路水荫路 11 号）	
经　　销	全国新华书店	
印　　刷	清淞永业（天津）印刷有限公司	
	（天津市宝坻区马家店工业区）	
开　　本	880 毫米 ×1230 毫米　32 开	
印　　张	9	
字　　数	175,000 字	
版　　次	2025 年 1 月第 1 版　2025 年 1 月第 1 次印刷	
定　　价	56.00 元	

如发现印装质量问题，请直接与印刷厂联系调换。
购书热线：024-23284481

序言

有史以来，唐朝是被公认的中国最强盛的王朝之一。其强盛所在，是国力强盛、版图辽阔，更有近三百年的绵长历史。

当然，中华历史上下五千年，三百年看似弹指一挥间，但若将唐朝重要历史事件一一罗列，就会发现，三百年已经堪称一条漫长的时间线。

从建立伊始，唐朝相继经历了贞观之治、永徽之治、武周代唐、神龙革命、开元盛世、安史之乱、元和中兴、会昌中兴、大中之治等一系列波澜壮阔的历史，如果一一详细展开，那将是一部繁杂冗长的大部头史书，唯有用简洁明快的语调讲述，才能将令人回肠荡气的大唐画卷呈现在读者面前。

那是一个给人以无尽回味的朝代，是霓裳羽衣的世界，也曾歌舞升平，风景独好。如果说，朝代也有个性，那唐朝的个性，一定是时而深沉，时而浪漫美好。

唐朝的月，是游子的故乡；唐朝的酒，放浪了豪情万丈；唐朝的诗，美了风花，醉了雪月；唐朝的人，死生契阔，金戈铁马梦一场。

因为有了唐朝，我们成了"唐人"。"唐"，似乎成为中国的代名词，它代表着繁荣，代表着兴盛，代表着辉煌。

再美的诗书，也写不尽唐朝的魅力。那时有最美的风景，将风韵刻进骨子里，如写意水墨，却至今无人能描摹。

滚滚历史中，唐朝以孤独的姿态前行，带着一身壮志，满腔豪情。世人皆以为，香烟馥郁、笙歌迭奏、灯火盈门，才是唐朝应有的模样。多少才子名士、巾帼红袖，填充了大唐盛景，一幕一景，都彰显着盛世太平，让人险些忘记了，这里还有道不尽的悲欢离合，数不清的人间沧桑。

每一个行至末世的王朝，都会给世人留下杂乱无章的印象。安史之乱之后的唐朝，似一幕幕层出不穷的闹剧，仿佛难以理喻的宿命，正在操纵着一场无力回天的败落。

当繁华落幕不再，醉也唐朝，梦也唐朝。无数人为唐朝的陨落嗟叹，三千粉黛，泪染红襟，声声悲筛，荡气回肠。

唐朝的晚景凄凉，让人不忍想象。晚唐诗人李商隐的一首诗，写出了末世的黯然神伤："燕雁迢迢隔上林，高秋望断正长吟。人间路有潼江险，天外山惟玉垒深。日向花间留返照，云从城上结层阴。三年已制思乡泪，更入新年恐不禁。"

寥寥数语，写尽了世道艰难之叹，穷途末路之悲。中年李商隐，在贫病交加中离世。他死后四十八年，风雨飘摇的大唐帝国终于轰然倒塌。

然而，即便盛世不再，唐人依然没能改变其傲骨，时光只能淡去记忆，却抹不去骨子里骄傲的灵魂。

目　录

第五章 衰落·把一手好牌打烂

第六章 余晖·走马灯似的皇帝

第七章 倾灭·开端有多辉煌，结局就有多惨烈

后记

第一章

雄图·一场前赴后继的帝国争夺战

隋：一个璀璨而又短暂的王朝

想要知道唐朝是怎么开始的，就必须先知道隋朝是怎么灭亡的。

说起隋朝，人们一般总能想到两个形容词：一个是"短暂"，另一个就是"残暴"。其实仔细想想，这两个词是有一定逻辑关系的，因为"残暴"，所以"短暂"。只不过，很多人并不知道的是，这个短暂的王朝，也曾经辉煌过，甚至还曾经威震天下。

隋朝的过去究竟有多辉煌？这要从隋朝与突厥人之间的霸权争夺战开始说起。

不得不承认，突厥是个"了不起"的民族。作为一个游牧民族，突厥人把联合纵横之术运用到了极致。他们先是联合中国北朝，打跑了柔然人，之后又利用北周与北齐之间的争端，让两国天子争相对突厥示好。

之后，突厥人又把联合纵横之术运用到了国际上，联合波斯帝国，消灭了称霸中亚和西域数百年的嚈哒帝国，之后与波斯帝国简单商量了一下，就把嚈哒的土地瓜分了。

至于突厥人瓜分到多少土地，这不重要，因为这只不过是突厥人称霸路上的一小步。没过多久，突厥就联合东罗马帝国，掉转枪头，攻打曾经的"合伙人"波斯帝国。

这一场仗，突厥人打得极有耐心，战争持续了二十多年，突厥并没有冲在战争第一线，反而是东罗马帝国与波斯帝国打得两败俱伤，最后，突厥坐享其成，将被波斯帝国瓜分走的嚈哒土地尽数收入囊中。

至此，北起贝加尔湖，南至长城，西至里海，东至大兴安岭，全被突厥人承包了。可是，面对这样一个国际大佬级别的强敌，作为初生牛犊的隋朝竟然毫无畏惧之心。

其实，隋朝早就看出了突厥的弱点。作为一个在短时间内建立起来的部落联盟制国家，突厥各部落、各民族之间的经济、文化程度参差不齐，民族矛盾一直存在，于是，隋朝就利用这个弱点，对突厥采取分化离间政策。

在与突厥的对战中，隋军近乎战无不胜，战绩相当过硬。最终，东突厥可汗对隋朝俯首称臣请和，表示："天无二日，土无二王，大隋皇帝，真皇帝也。"至此，远东乃至亚洲霸权就此易主。

一个能拥有如此高调胜利的王朝，让魏晋南北朝三百年的风雨混战结束，几乎是顺理成章的事情。隋朝开国之君——隋文帝杨坚，将四分五裂的国土一统之后，却依然不改平民本色，用老百姓居家过日子的简朴方式操持着一个庞大的王朝。

对于一个刚刚建立的王朝来说，杨坚艰苦朴素的作风是好事。他给予了百姓足够的休养生息的时间，随着百姓越来越富足，伟大的"开皇之治"就此开始。

百姓好才是真的好。在安定的局势下，杨坚终于有了对政治制度进行改革的精力和实力。

自曹魏以来，中国已经实行了三百多年的九品中正制，这一制度被杨坚废止，改为五省六曹制（五省为内史省、门下省、尚书省、秘书省和内侍省。尚书省下设吏、度支、礼、兵、都官、工六曹。后来度支曹改称户部，都官曹改称刑部，六曹也改称六部），后改称五省六部制。同时，杨坚还开启了科举制度，规定各州每年向中央选送三人参加科考，不问门第，不问出身，通过科考即录取为官。除此之外，杨坚又把各地方的行政机构进行简化，将原来的州、郡、县改为州、县两级制，所有地方官吏全部由朝廷统一进行任免。

就是这样一个欣欣向荣的王朝，原本应该一切都朝着好的方向发展，然而众所周知，隋朝就如同曾经的大秦王朝，在冉冉升起的过程中戛然而止，只经两世就灭亡，其中缘由，或许与杨坚为人的偏激和矛盾有关。

当一个人创立了不世功勋，想要不"飘"，似乎有点难。开创盛世之后，杨坚"飘"了，他开始不再满足于俭朴的生活，开始沉溺于奢靡生活。

晚年的杨坚，想要住一套华丽的"别墅"，于是，他征调数万民夫，开山引水，打造一座华丽的宫殿。

房子大了，夫妻两个人住似乎显得空旷。于是，曾经发誓坚守"一夫一妻"制的杨坚开始充实自己的后宫。当年，在杨坚夺取帝位的过程中，独孤皇后功不可没，杨坚不好意思公开"好色"，于是背着独孤皇后宠幸了美貌的尉迟嘉华。独孤皇后得知后大怒，一气之下将尉迟嘉华处死，杨坚敢怒不敢言，只能骑马一路狂奔到三十里外，在四下无人的地方对着大山喊出心中的不甘："我要自由！"

曾经的伉俪情深，因为一个年轻貌美的女子产生了裂痕。独孤皇后在世时，杨坚多少还能克制一下自己的任性。独孤皇后死后，杨坚终于盼来了渴望已久的自由。

他开始变本加厉地为所欲为，不仅执法严苛，甚至还经常法外施刑。有些朝臣不过在朝堂上说错一句话，就落得当众被廷杖打死的下场。如此严酷的刑罚，就连民间百姓也不能幸免，有人因为偷了一个西瓜，就被判死刑。

杨坚年轻时有多开明，晚年时就有多昏聩。他开始提防开国功臣，想方设法将他们一一铲除，任何人的谏言他都听不进去。人们本以为，只要再坚持几年，等杨坚的次子杨广即位，或许一切都会好转。可惜，他们心心念念盼来的，只是一个变本加厉的残暴皇帝。

身为"富二代"的杨广，比父辈更懂享受。杨坚留给杨广的钱，足够他肆无忌惮地挥霍。如果杨广只是一名甘于平庸的守成之君，父亲为他留下的家底足够他挥霍几十年，说不定历史也会被改写。可是，杨广不甘心平庸，人生在世几十年，他偏要闹点动静出来。

他先是建造了规模宏大、布局有序的东都洛阳城，可是，因为工期太紧，只有十个月，被征调来的民夫在繁重的劳作下累死了近一半人。

后来，杨广又建造了有洛阳城三倍大的西苑，到了花朵凋零的季节，杨广就让下人用丝绸剪成花朵，扎在花枝上，做出百花四季盛开的奢靡假象。

修建著名的京杭大运河，那样繁复浩大的工程，杨广也只用了六年的时间。他似乎一辈子都在赶时间，仿佛冥冥中就已经预感到，这段奢靡享乐的岁月就如烟火，短暂的灿烂之后，将是永久的灰飞烟灭。

说白了，杨广就是在"作死"。别人几十年、上百年才能搞定的巨大工程，他短短几年就能完成，背后付出的代价，是动不动征调几十万、上百万民夫，有些地方男丁被征调尽了，还要征调女子来充数。

京杭大运河以洛阳为中心，将钱塘江、长江、淮河、黄河、海河五大水系连接，蜿蜒五千多里，是中国古代极其重要的交通动脉。如果不是有200余万劳工累死在大运河修建过程中，或许杨广的这番作为还算得上一番功绩。可惜，杨广修建京杭大运河，更多是用来享乐。

杨广在位短短14年，竟然三次巡幸江都，每一次巡幸，都要消耗巨大的人力、物力以及财力，上自官员，下至百姓，无不怨声载道。

如果杨广能在京杭大运河建成后，给予百姓休养生息的时间，也许隋朝还不至于如此短命。隋朝的建立，不过是一场宫廷政变的夺权之战，建朝仅仅三十来年，杨家的根基并不稳，而那些虎视眈眈的门阀士族依然根深蒂固，是朝廷的隐患。

如果说，杨广的奢靡与耽于享乐只是让这些隐患蠢蠢欲动，那么他的三征高句丽之举，则将这些隐患彻底点燃。

大业七年（611），刚刚结束巡游江都的杨广就开始为首次征战高句丽进行战船打造与物资准备，动员军民超过500万，出兵的理由很简单：高句丽又穷又横，杨广看不顺眼。

为了备战，百姓们错过了农时，导致今河北、山东一带田地荒芜，颗粒无收。百姓没有了活路，纷纷起义，一时间，反隋起义军遍布各地，可惜，都没有被杨广放在眼里。

大业八年（612），隋军首征高句丽。与此同时，起义军如雨后春笋，一茬接一茬猛增，在杨广的"后院"点了一把又一把火，前方将士根本不能静下心来打仗，注定战败。

可是，杨广并不甘心，第二年再次发兵征讨高句丽。几乎还是在同一时间，杨玄感叛乱，进逼东都，隋军再一次在前方战败。

大业十年（614），杨广第三次发兵征讨高句丽。此时，农民起义军已经在大隋的土地上呈星火燎原之态，前方将士不敢恋战，好在，高句丽也无力应付战争，主动请降，隋朝这才名正言顺地撤了军。

可惜，停止对外战争，已经无力拯救千疮百孔的大隋。隋朝末年，遍地烽火，起义军层出不穷。

接二连三的农民起义战争，让隋朝疲于应对，顾此失彼。此时的大隋王朝，已被起义军切割得支离破碎，只剩下长安、洛阳、江都几座孤城在苦苦支撑，但也不过是垂死挣扎，难逃灭国的结局。

逼父造反：利用皇帝的女人

在众多的起义军里，有一支起义军血统十分高贵。这支起义军的首领姓李，也就是后来缔造了大唐王朝的开国之君——李渊。

在决定造反之前，李渊是经历过一番剧烈的内心挣扎的，毕竟他是含着金汤匙出生的皇亲国戚，早在北周时期，李家就是最显赫的贵族之一。

李渊的祖父李虎，曾经协助宇文泰建立北周政权，被封为"柱国"，也就是肩负国家重任的军事重臣，地位甚至凌驾于丞相之上。

李虎死后，被追封为"唐国公"。他的儿子李昞同样是个了不起的人物，不仅承袭了父亲的爵位，还官至御中正大夫，后来又带兵驻扎咸阳，整个京城长安的安保工作都由他来负责。

有父祖辈的光环庇佑，李渊根本不必为自己的未来操心。哪怕不能像祖父和父亲那样成为国之栋梁，至少一辈子的荣华富贵是少不了的。

或许是天将降大任于是人，命运不肯让李渊的成长道路一帆风顺。他七岁那一年，父亲突然离世，这让李渊的人生一下子变得前途未卜。

虽然李渊顺理成章地承袭了家族的爵位，可一个七岁的孩子，顶着"唐国公"的头衔，未必是件好事，能不能在惨烈的贵族倾轧之中活下去，还是个未知数。

为了让小李渊能顺利长大，母亲做了一个重要的决定——把他送到小姨家里抚养。

李渊的小姨名叫独孤伽罗，姨父则是当时的随国公，后来的隋朝开国之君——杨坚。李渊母亲的这一决定，实在是用心良苦。被小姨和姨父抚养长大的李渊，不仅成功保住了小命，就连命运都彻底被改写。

杨坚篡夺北周政权并称帝，创立隋朝之后，年仅十五岁的李渊，身份地位再一次被提升。他当上了隋文帝杨坚身边的贴身侍卫官，职位虽然不高，却可以时刻在皇帝身边侍奉，间接学习如何治理一个国家。

身为皇亲国戚，李渊身上丝毫没有骄娇二气。可能这是因为他从小在"别人"家里长大，早早地学会了收敛起自己的任性，也收敛起一身的锋芒。他一步一个脚印，稳扎稳打地跟随在皇帝姨父身边，做一个老老实实的臣子。

没错，当时李渊给所有人的印象，就是老实，因为他的老实，隋文帝杨坚对他更加信任，先后派他去谯州（今安徽亳州）、岐州（今陕西宝鸡市凤翔区）、陇州（今陕西陇县）担任刺史。

隋炀帝杨广即位后，继续重用李渊这个老实的表哥，先后派他去荥阳（今河南荥阳）、楼烦（今山西静乐）担任太守，之后又调回朝廷，担任殿内少监。

大业九年（613），隋炀帝二征高句丽，李渊在后方负责几十万大军的粮草供给。如果说，是隋文帝杨坚让李渊学会了如何治国，那么，隋炀帝杨广则让李渊学会了如何打仗。

杨玄感叛乱时，李渊的军事才能终于派上了用场。他被任命为弘化留守，统领十三个郡的军队。

正是在这段时期，李渊的种种举动已经开始表明，这个老实人并不老实。在带兵镇压叛乱的过程中，李渊第一次尝到了独自做主的滋味。这个滋味实在太美妙，只不过，这时的他，还没有往造反的层面去想。

在甘肃，李渊对叛军采取三分镇压七分拉拢的策略。这样一来，西北很多豪强都成了李渊的朋友。隋炀帝不是个傻子，李渊的举动实在有些犯了忌讳，他要把李渊叫过来，当面质问、斥责一番。

没想到，李渊竟然压根儿没敢露面，还给出了一个冠冕堂皇的理由——病了。这更让杨广起疑：如果不是心里有鬼，你李渊为什么不敢见我？

见不到李渊，杨广只能把气撒到李渊的外甥女，也是杨广的妃子王氏身上。他问王氏："你的舅舅、我的哥哥是病得要死了吗，来见朕一面都不能？"

这话很快就传到李渊耳朵里，吓得他大惊失色，唯恐大祸临头，立刻闭门不出，再暗地里四处求情，重金收买了许多朝廷重臣替他说好话，让杨广相信他真的生病了，并且那些结交英雄豪杰的传言都是假的，一定是有人想要离间他们的兄弟感情故意说的。

总之，隋炀帝杨广虽半信半疑，却也不能真的拿这个表哥怎么样，只能把他调离甘肃，任命其为山西、河东抚慰大使。杨广名义上是派李渊镇压反隋起义军，实际上是把他扔到了抗击突厥第一线，是死是活，听天由命吧。

为了自保，李渊把自己塑造成了一个"窝囊废"的形象。在山西，他毫无节制地终日饮酒，还收受贿赂，让外人认定他一无是处，胆小怕事。不得不说，李渊的演技的确一流，不仅骗过了外人，就连他自己的儿子都相信了。

李渊的二儿子李世民当时还不足二十岁，和父亲相比，李世民的野心显然大得多。他受不了父亲整天醉生梦死的样子，时不时就要规劝一番，每一次都惹来父亲一顿大骂，骂他什么都不懂。

那时的李世民，的确还没有看懂自己的父亲。如果他仔细拇一拇父亲在"醉生梦死"之外的一些举动，肯定不难发现，李渊是在扮猪吃老虎。

刚到山西时，李渊就打败当地起义军，之后又用两千骑兵埋伏袭击突厥人，大败突厥士兵，让李家在当地稳稳地站住了脚。用"有勇有谋"形容李渊，似乎并不过分，这样的一个人，即使真的终日醉生梦死，脑袋里的一根神经也一定是保持清醒的。

李渊之所以装成窝囊废，是因为他看透了隋炀帝的残暴。当年的开国功臣，已经被隋炀帝一个个逼死，李渊必须让隋炀帝在战术上彻底忽略自己，才能自保。

可是，靠装傻卖乖自保，毕竟不是长久之计。李渊知道，以隋炀帝如今的残暴程度，猜忌之火早晚会烧到他的身上。如今，起义造反的地方越来越多，李渊心底也燃起了一丝蠢蠢欲动的小火苗。只不过，时机未到。

时机很快就来了。在一次对突厥入侵的防御战中，李渊派马邑太守王仁恭出战，结果遭到惨败。隋炀帝一怒之下，下令斩杀王仁恭，又下令抓捕李渊。命令刚下，隋炀帝又后悔了，立刻派人前去宣布赦免李渊和王仁恭。然而，经过这一番折腾，李渊认定，造反的时候到了。

当时，李渊的二儿子李世民还没有看出父亲的决心，看着李渊整天"不思进取"的样子，李世民实在有点着急，他决定暗中推父亲一把。

当时的金阳县令刘文静早就看出李世民不是寻常之辈，便与其结为好友。后来，刘文静因为与瓦岗义军首领李密有姻亲关系，被隋炀帝猜忌入狱，李世民前去探望，两人在监狱里悄悄商量了一番，起义大计就此而成。

刘文静还有一个好友，是时任晋阳宫监的裴寂。在刘文静的推荐下，裴寂也成了造反小队的第一批成员，三个人商量好，起义之前，必须先把李渊"策反"了。

李世民知道父亲一直反对自己造反，只能先让刘文静和裴寂一起去劝说。可是无论怎样动之以情，晓之以理，李渊始终不肯给出准话。李世民连起义的日期都已经定好了，生怕父亲的犹豫不决惹来变故，他和刘文静与裴寂一商量，决定用"美人计"逼李渊造反。

那天，裴寂又来劝说李渊，他特意准备了一桌酒菜，还带来几个年轻貌美的女子作陪，故意把李渊灌醉。第二天，李渊酒醒之后，李世民和裴寂特意来告诉他，昨晚服侍他就寝的几个女子其实是晋阳宫里的妃嫔。李渊大惊失色，让服侍皇帝的妃嫔来服侍自己，这可是死罪。

裴寂趁机劝说李渊，私幸妃嫔是死罪，造反也是死罪，既然如此，不如造反，还能谋一个活路。

造反这么大的事，李渊哪能一下子同意，必须装装样子。他先是严词拒绝，还说要把李世民送去官府问罪。

李世民看准机会，赶紧补上几句好听的，他说："如今天下大乱，只有像父亲这样有勇有谋的人才能平定四方，父亲就算把儿子送去官府问罪，也请为了天下百姓起兵吧。"

如此一来，李渊有了足够的台阶下。他对李世民说："你是我儿子，我只会爱护你，怎么舍得把你送去官府呢?"

凭李世民的聪明，怎么能听不出父亲这是同意了。随着李渊下定了反隋的决心，李家造反的大旗正式举起。

旗号是"匡复隋室"——造反是要名正言顺的。

造反这件事，光有决心还不够，最重要的，是要有兵马、武器。

如何在隋炀帝的眼皮子底下招兵买马，这是个技术活儿。李渊刚摆好要为此冥思苦想一番的架势，一个合理的借口就主动送上了门——刘武周造反了。

刘武周原本是李渊的下属，造反之前担任马邑（今山西省朔州市）的鹰扬校尉。马邑太守王仁恭应该怎么也没有想到，自己刚刚从隋炀帝手里捡回一条小命，转身就死在了刘武周手里。之后，刘武周割据马邑，自称天子，还与突厥人勾结，图谋夺取天下。

"讨伐刘武周，防备突厥南下"，这实在是一个用来招兵买马的好借口。李渊立刻派李世民、刘文静等人到各地征兵，不到一个月的时间，就征兵近万人。

李渊征兵为什么如此顺利？那是因为此刻天下正流传着一句话："桃李子，得天下。"也就是说，几乎全天下的人都相信，一个姓李的人将成为下一个天子，而李渊，刚好姓李。

这句流言当然也传到了隋炀帝耳朵里，他对抗流言的手段十分简单粗暴：把姓李的人都杀死不就好了。

率先死在隋炀帝刀下的，是右骁卫大将军李浑。接下来，隋炀帝又将矛头对准了瓦岗军首领李密。照这样下去，李渊迟早成为下一个目标，被动等待不如主动出击，造反大业必须紧锣密鼓地开展起来。

隋末起义军层出不穷，各地武装力量隔三岔五就要闹出点动静，让隋朝军队疲于应付，隋炀帝根本无暇时刻关注李渊的举动。于是，在各地起义军的"掩护"下，李渊顺利地把军队扩充到了三万人，其中不乏一些日后为大唐建国起到至关重要作用的优秀人才。

带兵多年，李渊深知一个道理：越优秀的人才，越不能放任自流，必须交给有能力的亲信去统领。

最亲莫过于父子，此时，二儿子李世民已经在身边，李渊还要尽快把大儿子李建成和四儿子李元吉召回晋阳，为日后的起义做准备。

在两个儿子回来之前，李渊还要把另外两名亲信——长孙顺德和刘弘基安排在重要岗位上。长孙顺德是李世民妻子长孙氏的堂叔，刘弘基与李世民交情匪浅，让这两个人统领刚招募来的新兵，实在是再合适不过。

李渊的一番操作，终于引来了两个人的怀疑，他们是太原副留守王威、高君雅，也是隋炀帝留在李渊身边的两个眼线。他们越来越觉得，李渊的种种举动不只是平定叛军那么简单，怎么看都有点像要自立为王的意思。于是，这两个人密谋骗李渊父子到晋祠祈雨，趁机除掉他们，再去隋炀帝面前请功。

王威与高君雅的密谋被晋阳乡长刘世龙得知，暗中汇报给李渊，于是，一场先发制人的大戏即将上演。王威与高君雅怎么也没有想到，打算揭发李渊造反的自己，竟然莫名其妙背上了造反的罪名。

大业十三年（617）五月十五日，晋阳宫内，李渊正召集众人商议抵御叛军事宜，开阳府司马刘政会突然闯入，送来了一封密信。

送密信者是揭开整场大戏序幕的重要角色，自然要由李渊来亲自选角。刘政会果然不辜负李渊的期望，把悬疑氛围做得足足的。

按照"剧本"要求，李渊应该让王威与高君雅两位副留守一同拆看密信，这个时候，刘政会必须及时出面阻止，并说出事先安排好的台词："密信有关两位副留守，还请唐国公独自审阅。"

接下来，就到了李渊独自表演的时刻。他要表现出诧异的神情，再仔细地阅读密信，其间神色必须恰到好处地从迷惑不解转换为怒不可遏，最后大喝一声："王威、高君雅二人暗中勾结突厥，引突厥入寇中原，立刻拿下。"

或许是王威与高君雅二人命中该绝，两天后，突厥人竟然真的来犯了。就在数万突厥军队进攻晋阳的同时，李渊对王威和高君雅下达了斩杀令，名正言顺地拔除了隋炀帝安插在自己身边的眼线。随后，李渊大开城门，对着突厥人唱了一出"空城计"，轻而易举地吓退了突厥军队。

从决定造反的那一天起，李渊就明确了自己的目标：入关夺取长安，开创帝业。

在众多起义军中，李渊的实力不算强大，占据的地盘也非常小。为了能将全部精力用在帝业的实现上，李渊决定防患于未然。

突厥的来犯，显然就是李渊称帝路上最大的阻碍之一。为了让突厥人暂时老实下来，李渊在用空城计吓退了突厥人之后，又主动写信向突厥可汗示好。他在信中写道："如今我大举义兵，是为了平定天下。……如果突厥能不侵犯我朝百姓，那我此次征伐所得的人口玉帛，都归可汗所有。"

这些话自然是李渊为了稳住突厥人所说的托词，好在，突厥人相信了，真的没有再给李渊找碴儿，让李渊有了更多的精力思考怎么对付比自己更强大的对手。

瓦岗的李密起义军，是李渊称帝路上的另一大障碍。据说，瓦岗军有三十万人马，战将多达千人。为了让李密放松警惕，李渊又拿出了当初对付隋炀帝的那一套——装屄。

他写了一封亲笔信，派人送给李密。信中李渊极尽吹捧之能事，把李密说成当今天下唯一能平息乱世的英雄，并且向李密狠狠地表了一把忠心，宣称对李密拥戴到底。并且，李渊还在信中反复强调自己胸无大志，没有灭隋的念头。如此一来，李密也被稳住了。

大业十三年（617）六月，李渊的造反行动已经进入最后的筹备阶段。他在自己的根据地晋阳设立起义堂，自称"大将军"，建大将军府，任命长子李建成为陇西公、左领军大都督，统领左军；又任命次子李世民为敦煌公、右领军大都督，统领右军；任命四子李元吉为姑臧公，统率中军。其余亲信也被一一任命，各司其职。

李渊的最终目标是建立帝业，但在实现目标的过程中，"废皇帝，立代王"才是他打算采取的策略。毕竟在起兵的时候，"匡复隋氏"听起来要名正言顺得多。

七月初四，晋阳宫城东的乾阳门街军门前，一面巨大的白旗高高挂起，在白旗的下面，一场声势浩大的誓师大会正在进行。为首的，就是李渊，他任命四儿子李元吉为镇北大将军、太原郡守，负责留守晋阳，替即将出征的起义军看好大本营。

之后，李渊郑重其事宣读了出征誓词。誓词中细数了隋炀帝杨广的种种罪行，并且宣布要"兴甲晋阳，奉尊代邸，扫定咸洛，集宁寓县"，说白了，就是要废掉残暴昏庸的隋炀帝杨广，再为大隋王朝换一个更贤明的皇帝，也就是杨广的孙子，年仅十三岁的代王杨侑。

宣读完出征誓词，李渊即刻发兵，率领长子李建成、次子李世民，以及刚刚训练好的三万精兵，挥兵南下，朝着关中的方向，出发。

大唐建国：撕掉最后一层面具

　　有些人之所以能成功，就是因为敢于另辟蹊径，走别人不愿意走的路。

　　李渊就是这样的人。自从隋炀帝建好了东都洛阳，那里就成了隋朝的政治文化中心，因此，大多数起义军首领都把攻下洛阳作为首要战略目标。他们认为，一旦夺取洛阳，就可以原地称帝。

　　李渊不这么认为，在隋炀帝面前装了这么多年"窝囊废"，李渊总结出一个经验：正面交锋不如背地里放火。

　　凭李渊这支起义军的规模，想要与瓦岗军那种军事实力过硬的起义军硬碰硬，显然胜算不大。因此，他必须从战略战术上取胜：放弃洛阳，直取长安。

这是李渊和大儿子李建成共同商量出来的策略。在出兵之前，李建成多次派人到长安刺探军情，发现关中防守相当薄弱，官兵毫无斗志可言，攻打长安，胜算极大。更重要的是，代王杨侑就在长安。

三国的故事告诉李渊，"挟天子以令诸侯"比直接当皇帝更能服众。毕竟"谋朝篡位"怎么听都不像是个好词儿，虽然各路反王早就不拿隋炀帝当皇帝了，但毕竟皇帝的头衔还在，李渊也是杨家亲手栽培出来的臣子，如果贸然称帝，搞不好还会被扣上一顶"乱臣贼子"的帽子。所以，攻下长安，扶植代王杨侑做傀儡皇帝，是上上策。

誓师大会结束之后，李渊率领三万起义军，打着"志在尊隋"的旗号，从晋阳出发，沿着汾河谷道一路南下河东。

事实证明，李渊的确为自己选择了一条好走的路。唐军一边走，一边还扩充了人力与物力，不仅始毕可汗送来了上千匹好马，就连驻扎在楼烦的史大奈也率兵前来相助。就这样一路顺利到西河，李渊终于遇到了起义路上的第一个阻碍。

西河是夺取关中的战略要地，因此，驻扎在这里的隋军大多是忠勇之士，一场硬仗在所难免。

李渊派出了大儿子李建成出战。李建成深知，这是一场只许胜利不许失败的战役，于是，他拿出破釜沉舟的决心，只带了三天的粮食，率领先行军轻骑简从，向西河进发。

李建成的头脑非常清醒，行军路上还不忘收买人心。他命令军队不许伤害百姓，吃百姓的东西必须付钱，否则军法处置。当军队行至西河，沿途百姓早已归心唐军，还没等正式开战时，西河城中的百姓率先爆发内乱，杀死郡守，打开城门迎接唐军。

唐军从出兵到夺取西河，只用了短短九天，李建成一战成名，却也为自己日后继承皇位之路埋下了雷，这是后话。

先说进入关中的唐军，又在贾胡堡遇到了第二重阻碍。当时正值秋雨时节，连日大雨导致道路泥泞，军队难以前行，军粮也所剩无几。与此同时，有传言说刘武周勾结突厥，准备突袭唐军的后方大本营晋阳。如此一来，李渊陷入了进退两难的境地，军队内部高层也出现了分歧。

裴寂等人主张撤军救援晋阳，先保住大本营，之后再找机会出兵。可李建成和李世民兄弟觉得，战机一旦被延误，日后是否还有机会起义不太好说，必须一鼓作气，拿下前方不远处的霍邑（今属山西），才能稳住军心。

李渊经过一番深思熟虑，决定听从儿子的建议。大雨不停，那就等；军粮不足，那就省着点吃。

秋雨足足下了半个多月，可想而知，这半个多月，李渊内心承受了怎样的煎熬。成大事者，必须有超于常人的忍耐力，李渊经受住了上天的考验，此后，他的称帝之路将所向披靡。

雨过天晴的同时，军粮也从太原运来。李渊让大部队在城东安营扎寨，等待援军，自己则带着李建成和李世民，率领一支先锋骑兵，赶到霍邑城下，围着城转悠，做出要攻城的架势。

驻守霍邑的宋老生原本以为李渊会在内外交困的局面下知难而退，没想到他竟然迎难而上，主动出击。不过，宋老生没有贸然应战，而是站在城楼上一连观察了好几天。最后，宋老生得出了一个结论：李渊是在虚张声势。

难怪宋老生会轻敌，李渊带来的人实在太少，还不足一万人。而宋老生坐拥三万军队，三个打一个，应该没有道理战败。

于是，宋老生出城迎战了，双方军队刚一交锋，李渊率领唐军掉头就跑。宋老生一看李渊怂了，赶忙乘胜追击，而李建成和李世民各率领一万军队，早就埋伏在后方，只等宋老生跑远了，在背后断了宋老生的退路。

宋老生追李渊追得正来劲，身后突然出现了唐军，他这才意识到中计了，可惜为时已晚，只能硬着头皮迎战。

就在双方激战正酣的时候，不知道是谁大喊了一声："宋老生被杀了。"宋老生的部下一听，立刻军心涣散，纷纷往回城的方向逃。李渊趁乱斩杀宋老生，后方的李建成和李世民则趁机斩杀残兵，攻克霍邑。

唐军接下来的这一路，可以用"势如破竹"来形容。没过多久，李渊又收到了女儿的来信，信中说，她已经召集了一支七万人的队伍，即将赶来与父亲会师。

李渊的女儿，就是后来的平阳公主。如果说别人家的女儿是小棉袄，李渊的女儿就是防弹衣。她不仅创建了中国历史上第一支女子军队，还拿出全部家财，将当时关中地区几支有实力的起义军收入麾下，在父亲抵达关中之前，就已经将长安外围基本扫清。

在儿子和女儿的簇拥下，李渊顺利进入长安城。历史就是这么有趣，李渊出兵最晚，竟然只用了四个月的时间就攻入长安，天时地利人和，缺少一样都不可能这么顺利。如此看来，李渊或许就是命定的天子，只不过，在成为天子之前，他还有一场戏要演。

攻克长安城的当月，李渊就遥尊隋炀帝为太上皇，拥立代王杨侑登基，即为隋恭帝。李渊自己则成为大丞相，其地位足以与当年挟天子以令诸侯的曹操相媲美。

大业十四年（618）四月，隋炀帝在扬州被部下杀害，隋朝的合法性至此荡然无存。刚登基不久的隋恭帝虽然年幼，却懂得审时度势，"主动"把皇位禅让给了李渊。同年五月，李渊在长安太极殿登基，定国号为"唐"。

至此，李渊实现了他开创王朝的伟业，唐朝作为历史上最伟大的王朝之一，终于在历史的舞台上正式登场。

王朝伊始：站在前人的肩膀上

历史上似乎有一条不成文的规定：但凡朝代更迭，开国之君要做的第一件事，就是追封祖先。

李渊也不例外，登基后，他追封自己的高祖李熙为宣简公，曾祖李天赐为懿王，祖父李虎为景皇帝，父亲李昞为元皇帝。

如果说追封先人更像是王朝伊始的例行公事，那么接下来的论功行赏，才是关乎新王朝能走多远的重头戏。

手下们跟着李渊打打杀杀走了一路，总算过上了好日子。此时，王朝根基不稳，如果不能在论功行赏这一块让兄弟们满意，日后难保不会有人闹出点幺蛾子。因此，赏谁，怎么赏，是对开国之君智商与情商的双重考验。

先来说说李渊是如何封赏自己的亲生儿子的：李建成身为长子，沿途又立下不少战功，顺理成章成为太子的不二人选；次子李世民，是本次起义的主要发起者之一，同样战功赫赫，可惜他晚出生了几年，与太子之位擦肩而过，只被封为秦王、尚书令；四子李元吉一直驻守晋阳大本营，让起义军没有后顾之忧，功劳同样不小，被封为齐王。

李渊认为自己对儿子们的封赏已经做到了公平，至于是否每个儿子都满意，这也是后话。

接下来，李渊要封赏那些一路追随自己的文臣武将们：裴寂，当初用"美人计"促使李渊决定起义，后来在杨侑禅位于李渊时，又率众劝说李渊登基，功不可没，获封尚书右仆射，成为唐朝开国宰相；刘文静，起兵后奉命出使突厥，游说始毕可汗派出两千骑兵作为唐军的援军，获封纳言，同样是唐朝开国宰相之一；长孙顺德，自太原起兵后屡建战功，拜左骁卫大将军，封薛国公；刘弘基，曾斩杀宋老生、破卫文升，拜右骁卫大将军……

李渊还专门为唐朝开国功臣定制了一份功臣榜，命名为"太原元谋功臣"，除了以上提及的几位，榜上有名的还有右屯卫大将军窦琮、左翊卫大将军柴绍；内史侍郎唐俭、吏部侍郎殷开山、鸿胪卿刘世龙、卫尉少卿刘政会、都水监赵文恪、库部郎中武士彟，骠骑将军张平高、李思行，左武卫大将军李高迁，左屯卫府长史许世绪共十七人。

一干人等依据封赏，各自走马上任。如果将唐朝比喻成一家新成立的公司，那公司创始人李渊接下来要做的事情，就是制定公司规章制度。

李渊自幼跟在隋文帝身边学习治国，亲眼见证了许多利国利民的政策的制定。虽然后来隋文帝又制定出一系列暴政，隋炀帝登基后又"暴上加暴"，但只要将这些暴政革除，再根据实际情况对隋朝原有的政策进行适当修改，一系列有利于唐朝初期发展的治国政策就诞生了：

在官员任命方面，不难发现，十七位"太原元谋功臣"中的大多数，除了被赐予荣耀和地位之外，并没有获得太实质的权力。这是李渊的聪明之处，从王朝建立的最初，就避免了功臣干涉和威胁皇权。

同时，唐朝还对隋朝的五省六曹制度进行完善，演变出三省六部制，使君臣在权力层面进行相互制衡与监督。有了这套制度，任何诏令在形成之前，都要经中书省起草、盖章，再由皇帝签署，之后送到门下省，经过复核通过，再回到皇帝手里"画敕"，最后才能下发执行。也是在这一套制度的保障下，唐朝才一步步走向巅峰。

在地方行政机构方面，唐朝同样沿袭了隋朝制度，设州、县两级，精简且实用，便于管理，有利于加强中央集权。

在律法方面，李渊一直强调减轻刑罚，对百姓务从宽宥。登基之后，李渊命裴寂、刘文静、萧瑀等人制定新的律法，将隋朝年间严苛的律法一一革除，以宽简作为立法的指导思想，颁布了唐朝首部法典《颁定科律诏》，也就是武德律。

在招贤纳士方面，李渊不仅不计前嫌，重用才能卓越的隋朝旧臣，还将"九品中正制"以门第取士的弊端革除，只保留隋朝的科举制度，又设置明经、秀才、俊士、进士诸科的选士制度，还采用汉魏六朝以来的荐举制，作为对人才选拔制度的补充。

在军制方面，李渊为了早日平定地方叛乱，实现全国统一，推行了"兵农合一"的府兵制。府兵是从百姓中挑选出来的，非战时，府兵即在家生产，到了战时，再应召出征。如此一来，国家的军费开支大大缩减，农业生产也得到了保障。

在农业方面，李渊颁布了《劝农诏》，要求各州县劝导百姓恢复农业，改善战争导致的田地荒芜、百姓饥馑状况，保障了农业的恢复与发展。

在赋税与徭役方面，李渊在北魏均田制的基础上，又推行了租庸调制。在保障国家税收的前提下，有力促进了人口增长和经济发展，减轻了农户的负担。

在对外关系方面，李渊吸取了隋朝灭亡的教训，对周边民族采取怀柔政策。这是一项开明的政策，既避免了与周边民族之间的冲突，也为李唐政权的巩固赢得了充裕的时间。

为了恢复经济，休养生息，李渊不惜对突厥称臣，为大唐建设创造一个和平的外部环境；之后，唐朝又与高句丽进行外交和经济上的往来，确立了宗藩关系；在对待新罗和百济两国问题上，李渊像对待高句丽一样一视同仁，同时牵制住三国，达到了稳定边疆的目的。

百废待兴的唐朝，朝着欣欣向荣的方向一路狂奔，经济、军事、农业、边境问题，在李渊的掌控下逐步稳定。没有了后顾之忧的李渊，接下来只需要做好一件事——消灭农民起义军和隋朝残余等割据势力，实现国土统一。

第二章

兴起·进击的唐朝力量

"浅水原之战"：
绝不能在同一个地方跌倒两次

中国历史上曾经出现过许多次乱世，乱世之下英雄辈出，每一个英雄都有称帝的资本。因此，打下一方江山，登上皇帝宝座，不代表万事大吉，能把皇帝宝座坐稳，才是真正的本事。

作为起兵最晚的势力，李渊似乎没费太大力气就入主长安，做了皇帝。如果此时采访一下其余各方势力，他们一定会给出一个整齐划一的回答："我们不服。"

各方势力造反多年，无数双眼睛都在虎视眈眈盯着隋炀帝的帝位，隋炀帝之死仿佛点燃了各方势力称帝的导火索，一时间，各路"皇帝"如雨后春笋一般，纷纷冒出了头。

亲手缢杀了隋炀帝的宇文化及，先是扶植秦王杨浩做傀儡皇帝，得知李渊称帝后，宇文化及立刻又毒杀了杨浩，自称许国皇帝。同时，洛阳的隋朝残部拥立隋炀帝的孙子杨侗登基，并拉拢瓦岗军首领李密，与宇文化及展开激战。

不过，这两位"皇帝"都没能对李渊造成威胁，他们之间彼此消耗了战力。后来，王世充杀了小皇帝杨侗，自称郑国皇帝。

第一个打出"歼灭李唐"旗号的，是远在兰州的"西秦霸王"薛举。其实，薛举称帝比李渊还要早几个月。薛举出身于陇西豪强大族，身姿威武，性格豪放，喜欢结交英雄豪杰，自身又骁勇善战，曾做过金城府（今甘肃兰州）校尉。

隋末战乱初起时，薛举受顶头上司郝瑗之令，招募了一千多名士兵镇压叛乱。郝瑗没有想到，这一千多人竟然成了薛举起兵造反的初始力量。

薛举对政治形势具有敏锐的洞察力，他早就看出，"老东家"隋朝迟早倒闭，应该趁早自己创业，另谋出路。于是，趁着郝瑗设宴为将士们饯行的机会，薛举为郝瑗冠上了一个造反的罪名，在宴席上将郝瑗活捉。

之后，薛举打着平叛的旗号起兵造反，率领手下起义军占据了金城府的各州县，每到一处，就开仓放粮，收服民心。再然后，薛举索性自称"西秦霸王"，年号秦兴。

武德元年（618）六月，薛举亲自率领三十万大军，从西方浩浩荡荡向长安逼近。李渊的皇帝宝座还没有焐热，竟然猝不及防迎来了开国第一战。

时间虽然仓促，出兵迎战却不能仓促。思来想去，在带兵打仗方面，李渊最信任的人还是次子李世民。他任命李世民为元帅，统领四万精兵前往迎战。

出发前，李世民得知薛举主力军正在向高墌（今陕西长武北）方向前进，便率军来到高墌城外驻扎，准备迎敌。

不承想，李世民刚一来到高墌城，就患上了疟疾，连说话的力气都没有，更没有精神领兵打仗。不过，躺在病床上的李世民并不着急上火，面对强敌时，他一向的战术风格都是暂时不直接交锋。

纵然薛举手下的精兵骁勇善战，但大军远道奔袭而来，已是疲军，此时任凭对方如何叫嚣，唐军只要大门紧闭，坚守不出，就能先打一场消耗战。接下来，再趁敌军尚未休整，派精兵截断其运送粮草的路线，如此一来，敌军的锐气就会挫伤大半。

为此，李世民还特意把行军长史刘文静、司马殷开山叫到病床前，语重心长地反复交代："你们千万不要应战，等我病好了，再好好替你们收拾薛举。"

李世民计划得挺好，可惜手下人一个个都不靠谱。他前脚刚叮嘱完，殷开山转过头就有了自己的小九九，还对刘文静说："老大是担心你能力不行，打不过薛举。现在老大生病，薛举很可能会轻敌，我们应该趁机露一手，让薛举知道我们不是好惹的。"

巧的是，刘文静也这么想。两人一拍即合，背着李世民，带着军队出城迎战了。

事实证明，做人如果太自负，是会要命的。

殷开山与刘文静率领大军刚抵达浅水原，薛举就仗着人多率先发起攻势，前后夹击，断了唐军退路。唐军还没有反应过来，尸体就堆成了小山，死伤过半，就连一向骁勇善战的刘弘基也被敌方俘虏。薛举趁势占领高墌城，李世民连病都还没有养好，就迫不得已带着残兵败将退回了长安。

自从太原起兵开始，李世民就没有打过这么丢脸的败仗。他带着一脸病容，垂头丧气地站在老父亲面前等待发落。不过，李渊虽然生气，却并没有怪罪儿子，只是罢免了罪魁祸首刘文静和殷开山的官职，还把他们二人留在李世民帐下戴罪立功。

李渊以身作则地为儿子演示了一把什么叫作帝王的格局，他一边让儿子李世民好好养病，伺机再战，一边与西边的李轨悄悄联络，暗中为唐军找好了帮手。

李轨起兵反隋时，自称"河西大凉王"。李渊为了拉拢李轨，索性册封他为凉王，还亲切地称呼他为"从弟"。李轨早就看不惯薛举的残暴，与李渊一拍即合，准备对薛举进行两面夹击。

刚刚打赢一场胜仗的薛举，本打算乘胜追击，直取长安，可惜还没来得及出发，一场重病就夺走了薛举的性命。薛举的长子薛仁杲继承了皇位，打算遵从父亲的遗志，继续攻打长安。

趁着薛举病死这个空当，养好了病的李世民再次率领大军来到高墌。他早就听说，薛仁杲生性残暴，曾经把不肯投降的人架在火上分尸，还把肉一点点割下来分给军士们吃。而且，薛仁杲对手下将士并不好，手下们都对他敬而远之。

对待这样残暴的对手，最好不要硬碰硬，李世民还是采取老一套：坚守不出，消耗对方的锐气。

任凭对方如何挑衅，李世民坚持不肯出门应战。因为担心手下将士们按捺不住，李世民再一次苦口婆心劝说："敌军刚刚打了胜仗，正是骄傲的时候，我们要耐心等待，消耗他们的锐气，争取一战而胜。"

这一次，李世民吸取了上一次的教训，怕光是苦口婆心威慑力还不够，于是，他又下了一道军令："敢请战者，斩！"

如此一来，再没有人敢轻举妄动。李世民就这样率领大军与对方相持了六十多天，将士们始终憋着一口气，要为之前死在浅水原的兄弟们报仇。

李世民本打算等对方的锐气消耗得差不多了再开门应战，没想到，竟然等来了一支降军。

薛仁杲部下将领梁胡郎带着自己的军队来向李世民投降

了，他还向李世民报告：薛仁杲的军粮已经所剩无几了，未来几天，还会有将领带着自己的军队陆续来投降。

李世民没有消耗一兵一卒，竟然先赢得了一场小小的胜利，这大大振奋了军心。是时候准备出战了。他命行军总管梁实在浅水原扎营，引诱薛仁杲出战。

率先出战的，是薛仁杲的部下宗罗睺，他打定了主意要一战即胜，于是派出了全部精锐部队。梁实只驻扎，不迎战，宗罗睺发动了一次又一次猛烈的攻势，梁实以逸待劳，只等对方疲惫不堪，才在李世民的一声令下中开门迎敌。

与此同时，李世民率领大军，出其不意地出现在浅水原北方，与梁实形成双面夹击之势。李世民身先士卒，率先冲入敌营，将士们士气鼓舞，与敌军奋力厮杀，斩杀敌军几千人。李世民乘胜追击，来到薛仁杲占据的城池，摆好了交战的架势。

可笑的是，双方还没有开战，薛仁杲手下的几位将领就纷纷率兵投降李世民。眼看手下部将与自己离心离德，薛仁杲怕了，转身躲进城中，学着李世民之前的战术，闭门不出。

这一招是李世民玩剩下的，对李世民丝毫不管用。他派出大军包围城池，与薛仁杲玩起了心理战。

到了半夜，守城的将士们实在怕了李世民，纷纷下城投降。薛仁杲无奈，只得也跟在后面出城投降。

浅水原之战，是大唐建国以来打响的第一场战役，也是极具意义的一场战役。这场战役的胜利，对周边虎视眈眈的军事力量起到了足够的威慑作用，也让大唐趁机收复陇右，朝着统一全国的目标又迈进了一步。

出兵中原：统一天下只是时间问题

浅水原之战胜利后，命运之神终于彻底站在了大唐这一边。在收复中原、统一天下的征途上，大唐王朝将一路开挂，所向披靡。

先是瓦岗军首领李密在关中地界被熊州行军总管盛彦师伏击斩杀，当年各路起义军中最强大的一支队伍就此灰飞烟灭；紧接着，李渊又与曾经称兄道弟的李轨撕破了脸，派出安兴贵、安修仁兄弟将李轨生擒，送往长安斩首，至此，李轨占据的河西走廊地界正式臣服于大唐。

前方连连告捷，后方却差一点失守。就在李渊接二连三收复国土的时候，刘武周趁机率兵攻打李渊起兵的大本营——晋阳。

晋阳一旦被攻破，整个山西地区将尽数归刘武周所有，如此一来，关中地区也就危险了。关键时刻，还得李世民出马，他率领三万精兵，顶着凛冽的寒风渡过黄河，在柏壁驻扎下来。

这一驻扎，就是半年。李世民还是采用老办法：坚守不出，等对方粮草供应不上，不得不撤退的时候，再一路穷追猛打。

李世民的这一套战术，实在屡试不爽。刘武周与宋金刚二人被李世民一路追击，逃往突厥，却被突厥人所杀。这一次，李世民不仅收复了山西失地，还将刘武周手下大将尉迟敬德收入帐下，可谓大获全胜。

两个月后，李世民继续东征，他这一次讨伐的目标，是已经在洛阳称帝的王世充。与之前的几路势力相比，王世充是个硬骨头，几次交战下来，李世民都没有占到什么便宜，还在一次巡视战地的过程中，险些被王世充围攻丧命。

那次巡视战地，李世民只带了五百人，王世充带领上万精兵，对李世民进行剿杀。好在尉迟敬德及时神兵天降，救了李世民一命。此后，李世民凭五百士兵战胜王世充万人军队的故事传了出去，竟然吓得周边九个州县主动前来投降。

王世充后来又几次主动出击，竟然屡战屡败，无奈，他只得向已经在河北称帝的窦建德求助。

窦建德与王世充，绝对不是什么盟友，相反，他们原本是敌对关系。窦建德之所以肯出兵相助王世充，那是因为王世充的根据地洛阳位于长安与河北之间，可以替窦建德拦截唐军的火力。一旦王世充被灭，李渊的下一个目标就是窦建德。因此，窦建德必须放下旧日恩怨，率领十几万大军前来应援。

面对浩浩荡荡的敌军，李世民真的没怕，他早就选好了阻击窦建德的风水宝地——虎牢关。

虎牢关南傍北邙山，北依黄河，地形险要，是个打阻击战的绝佳地形。自古以来，虎牢关就是兵家必争之地，窦建德也明白这一点，所以，他特意将大部队驻扎在这里。

还没等窦建德大军站稳脚跟，李世民就出其不意，先来了一次突袭，小胜一局。李世民本打算给窦建德一个下马威，让他主动退兵，没想到，窦建德仗着人多，不识抬举，这下惹毛了李世民，带着三千五百名骑兵直奔窦建德营地，硬是从十几万大军手中把窦建德生擒了。

看着囚车中的窦建德，王世充彻底绝望了。他打开城门，出城投降，东都洛阳，就此落入大唐手中。

李世民原本以为，生擒了窦建德，河北土地也能悉数收复。然而，实际并没有这么容易，窦建德给李世民留下了一个难缠的对手——他的发小刘黑闼。

窦建德称帝时，刘黑闼十分受重用，被封为汉东郡公。刘黑闼最擅长偷袭，带领小队人马侦察敌情也是他的强项。

窦建德被抓后，刘黑闼跑回了老家，当起了农民。没过多久，窦建德在长安被杀，与此同时，李渊下达了一道莫名其妙的指令：召窦建德昔日手下将领来长安。

只要不是傻子，都能听出李渊的言外之意：这不是让窦建德残部主动上门送死吗？原本这些残余将领已经分散到河北各处，听到这个消息，他们又聚拢起来，推举刘黑闼为首领，重新造反。

刘黑闼的确勇猛，带着一百来个手下，攻进县城，接连打败几名大唐将领，只用了不到半年时间，就把当初失去的土地全部夺了回来。

面对如此神勇的对手，似乎只有"战神"李世民出马，才有胜算。

刘黑闼知道李世民的厉害，退回了洺州，凭借洺水和漳水作为屏障，坚守不出，李世民一时间也拿他没有办法。

就在双方僵持不下的时候，远方传来战报：幽州总管罗艺在鼓城击败了刘黑闼的弟弟刘十善。听到这个消息，刘黑闼手下的将领们慌了，尤其是驻守洺水城的李去惑，第一时间把整座洺州城献给了李世民。

如此一来，躲进洺州的刘黑闼就变成了一头困兽，唯有殊死一搏才有生存的可能。他率领全部力量，拼死夺回了洺水城，却只守了四天，又被李世民抢了回去。

失去洺水城，刘黑闼就失去了粮草供给。于是，李世民又采取了"打不死你就把你饿急眼"的策略，任凭刘黑闼挑衅，坚决不肯应战。两个月后，刘黑闼弹尽粮绝，最后的决战这才开始。

这场战争，李世民大获全胜。但刘黑闼实在是条硬汉，竟然在全军溃败的局面下冲出重围，跑去了突厥。

武德五年（622），刘黑闼借助突厥的力量卷土重来。当时，李世民正在北方抵御突厥，无暇分身，刘黑闼趁机又把洺水城抢了回来。李渊思来想去，最终决定不动用李世民，而是给长子李建成一个立功的机会。

其实，当时的刘黑闼已没有了昔日的强盛，手下军队也只剩下华丽的外壳，就连粮草供应都不及时。因此，李建成与刘黑闼战了几场，屡战屡胜，李建成再稍稍施恩，刘黑闼手下的将士竟然逃的逃，降的降。

平定刘黑闼之乱，可以说是李建成从弟弟李世民手里捡了个大便宜。如果不是李世民当初把刘黑闼打得溃不成军，李建成也不能如此轻松就立下战功。

无论如何，主要的地方割据势力已被悉数歼灭，南方的几股势力此后也迅速被平定，天下就此归一，再没有任何力量敢与称霸天下的李唐王朝抗衡。

玄武门之变：踏着手足的鲜血上位

平定刘黑闼之乱，难度不大，功劳不小，李渊派李建成出战，就等于让太子在战场上镀镀金，这也足以看出，李渊对李建成的偏爱。

李渊也心知肚明，自己能坐上皇帝宝座，次子李世民功不可没。但他对李世民始终有所忌惮，或许因为李世民在有些方面实在不"懂事"。

李渊晚年有很多宠妃，李建成为了巩固自己的太子之位，对这些宠妃百般讨好，常常私下贿赂她们。而倔脾气的李世民，在父亲的嫔妃们面前总是黑着一张脸，为此，嫔妃们背地里没少给李渊吹枕边风，说李世民的坏话。

一次，李世民因为淮安王李神通有功，赏赐给李神通几十顷田地。不巧的是，张婕妤也想让李渊把这些田地赐给自己的父亲，李渊同意了。

办事的官员按照"先到先得"的惯例，把土地划给了李神通。如此一来，李世民不仅得罪了张婕妤，就连自己的父亲都得罪了。李渊为此大怒，特意把李世民叫到面前来批评："难道我的手敕还不如你的教令吗？"

李渊不是一个小气的人，之所以因为一块田地就跟儿子大吵一架，那是李渊想趁机警告一下李世民：野心不要太大。

李世民早就看出来，父亲是偏袒大哥的，为了让李建成安心坐稳太子之位，李渊抓住一切可以打压李世民的机会。越是这样，李世民越不甘心。

李建成自己也知道，自己能成为太子，不过是因为年长，若论治国与征战，自己处处都比二弟李世民差一截。于是，李建成对李世民动了杀心。巧的是，李世民也没打算让自己这位太子哥哥活太久。

武德七年（624），李渊前往仁智宫避暑，带李世民与李元吉同行，命太子李建成留守京城。之前，李元吉曾经主动提出替李建成除掉李世民，李建成心软没有答应。如今，李世民身边文臣武将俱全，李建成感受到了压力，他决定，让李元吉趁着这次出宫避暑的机会除掉李世民。

按照规矩，身为秦王的李世民有资格配备一定数量的府兵来保护自己。李建成为了确保事成，让自己的老部下杨文干私下招募勇士，送往长安，并派人给杨文干运送盔甲。

负责运送盔甲的是郎将尔朱焕和校尉乔公山，这两人走到半路，担心自己成为皇室内斗的牺牲品，索性跑去仁智宫，向李渊告发太子勾结杨文干谋反。

听说自己最喜欢的儿子要谋反，李渊气得险些吐出一口老血。他立刻亲自写信，随便找了一个理由，让李建成来仁智宫见自己。李建成本就心里有鬼，接到李渊的来信更是惴惴不安。他本来不敢去，可身边的人都劝他："如果现在不去，恐怕日后就说不清了。不仅要去认错，还要把姿态做足。"

在众人的劝说下，李建成来到仁智宫，一见到李渊，李建成就"扑通"一声跪在地上，用尽浑身力气，重重地把头磕在地上，请求父亲原谅，直到把自己磕昏死过去为止。

李建成的这一招苦肉计果然管用，李渊的一腔怒火瞬间化作蒸汽，再也烧不起来了。他把所有罪责都怪在杨文干身上，派李世民前去捉拿杨文干。

李世民出发之前，李渊特意把他叫到面前，信誓旦旦地承诺："等你回来，我就立你为太子，把李建成降为蜀王，以后你只要保全你哥哥的性命就可以。"

可是，李世民前脚刚走，后脚李渊就心软了，再加上后宫嫔妃纷纷为李建成求情，这件事竟然就这么不了了之了。等李世民提着杨文干的头颅返回京城，李建成又继续稳稳地坐在太子宝座上了。

在李世民与李建成的兄弟矛盾中，身为父亲的李渊的确没起到好作用。他的左右摇摆，让兄弟二人之间的矛盾进一步激化。

得知李世民差一点就顶替自己成为太子，李建成深知，这个弟弟不能再留了。既然明着打不过，那就玩阴的。

趁着陪李渊外出打猎的机会，李建成送给李世民一匹马。李世民不觉有诈，骑着这匹马追逐野鹿。刚追出不远，马忽然尥起蹶子，一连三次把李世民从背上掀了下来。李世民仗着身手好，没有受伤，但是心里已经恨透了李建成。

一对手足兄弟，在皇位继承权面前，终于闹到了无法共存的地步。眼见李世民没有被马摔死，李建成又生一计：在李世民的酒里下毒。

毒酒让李世民吐血不止，险些丧命。这一次，李渊有点心疼了，不过，他还是更偏袒太子，打算把李世民调去洛阳，避免这对兄弟再发生冲突。

只要李世民一天不死，李建成就一天不会甘心。他联合李元吉，向李渊进谗言，说李世民一旦去往洛阳，脱离了长安的管辖，一定会谋反。李渊一听有道理，又把李世民留下了。

眼见李世民接二连三遭遇暗害，秦王府的幕僚们再也坐不住了。陕东道大行台考功郎中房玄龄率先发声："如果不除掉李建成，整个秦王府的人都没有活路。"比部郎中长孙无忌紧随其后："我觉得你说得对。"两人一拍即合，一起劝说李世民诛杀李建成和李元吉。

另一边，李建成和李元吉也没有闲着，他们给李世民手下的头号猛将尉迟敬德送去两箱金银，想要暗中拉拢，却被尉迟敬德拒绝了。

既然收买不成，那就让李世民身边再无可用之人。李建成鼓动李渊，把李世民身边的文臣武将一个个外调出京，又计划趁着李世民为出征将士送行的机会，将李世民暗杀。

可惜，暗杀计划走漏了风声，被人密告给李世民。李世民在愤怒的同时，终于下定决心：他和李建成之间，只能活一个。与其坐以待毙，不如先发制人。

夜长梦多，必须说干就干。李世民在下定决心的第二天，就入宫向李渊密告太子和齐王淫乱后宫。李渊果然大怒，宣李建成和李元吉第二天一早入宫问话。

玄武门，是李建成和李元吉进宫的必经之路，李世民连夜安排长孙无忌、尉迟敬德等人率领八百名秦王府侍卫埋伏在那里，只等第二天一早行事。

武德九年（626）六月初四，李建成与李元吉迎着清晨的第一缕阳光，走向了玄武门。一路上，他们还在为李世民告了自己的黑状气愤不已，正边走边商量对策。谁知，刚刚靠近玄武门，一队人马突然出现在他们面前。

那一瞬间，李建成和李元吉做出了最快的反应——转身就跑。可惜，他们的马快不过李世民的箭，李建成被李世民射杀，尉迟敬德射杀李元吉，之后快步登上城楼大喊："此二人谋害秦王，已奉旨诛杀。"

在尉迟敬德的威慑下，原本要为李建成与李元吉报仇的东宫和齐王府的人终于溃散。尉迟敬德稳步走下城楼，带着满身血污，提着李建成和李元吉的首级，走入皇宫，来到李渊面前，俯身下拜，说道："太子和齐王谋反，已被诛杀，秦王担心陛下受惊，故派臣担任警卫。"

李渊显然已经被吓傻了，转头看向裴寂，问道："你觉得，接下来该怎么办？"裴寂还没来得及开口，萧瑀和陈叔达抢先说道："建成与元吉本来就没有参与举兵反抗隋朝的谋划，又没有为天下立下功劳。他们嫉妒秦王功劳大，威望高，便一起策划阴谋。现在，秦王已经诛杀了他们，秦王功盖宇宙，天下归心，陛下如果能够决定立他为太子，将国家大事委托给他，就不会再生事端了。"

事已至此，李渊还能再说什么？他默默闭上双眼，老泪纵横，口中说道："好吧，这就是我一直以来的心愿啊！"

尉迟敬德担心口说无凭，请求李渊颁布亲笔敕令，命令各军一律接受秦王处置。李渊没有任何理由不照做，他知道，从今以后，就连自己这个皇帝，都要看李世民的眼色行事了。

三天后，李世民被立为太子；两个月后，李渊将皇位传给李世民，自称太上皇。李世民即位，是为唐太宗。

李世民成为皇帝，虽然实至名归，但夺嫡的手段却并不光彩。后世子孙有了这样一个"榜样"，唐朝未来二百多年的皇位之争，注定血雨腥风。

贞观之治：唐太宗的盛世密码

李世民登基的第二年，改年号为"贞观"，历史上最著名的一代盛世，缓缓拉开序幕。

作为一名造反的亲历者，李世民亲眼见证了隋朝是如何在农民战争中一步步被瓦解的。隋朝的灭亡，是摆在李世民面前的反面教材，因此，他时刻提醒自己：要想让国家强盛，就必须让百姓休养生息，为百姓营造一个稳定的社会环境，使经济得到恢复。毕竟，百姓好才是真的好。

李世民的确是一代明君，从他登基后实施的种种举措便足以看出，他是真的希望老百姓能过好日子。

唐朝初建时，天下虽然已经统一，但老百姓的日子还是不好过，许多人为了生存，沦为土匪。老百姓每天提心吊胆，生怕土匪上门抢劫，这叫什么好日子？

为了解决匪患，李世民召朝臣商议。大臣们办事效率很高，很快就找到了解决办法：抓到一个就杀一个，以后就没人再敢当土匪了。

李世民差点被气乐了，这也叫平定匪患的好办法？这明明是逼着好人去当土匪。

老百姓如果有吃有穿，谁愿意放着好日子不过，跑去当土匪？李世民虽然从小没过过苦日子，但这个道理他懂。想要国泰，先要民安，让老百姓过上好日子才是硬道理。李世民为国家发展的方向定好了调子，接下来一切政治举措都要围绕这个目标进行。

治理偌大一个国家，光是皇帝一个人能干还不够。在李世民还是秦王的时候，就已经为自己选好了帮手。

当年，正是因为有了房玄龄、杜如晦等人在背后出谋划策，才有了玄武门之变的成功。李世民顺利登基，这二人功不可没。李世民登基后，拜房玄龄为中书令、邢国公，负责总理朝政；拜杜如晦为兵部尚书、蔡国公，统管全国军事。

房玄龄善于谋略，杜如晦长于决断，历史上将这两个人并称为"房谋杜断"。这二人搭班子，配合得相当默契。无论是选拔人才，还是制定法度，皆同心协力，为大唐做出了不小的贡献。

房玄龄和杜如晦都是当初秦王府的旧人，受到重用似乎是理所应当的事情。令人出乎意料的是，李世民竟然不计前嫌重用魏徵，这不仅让世人跌破了眼镜，也彰显了李世民身为帝王的政治智慧。

魏徵原本是"太子党"成员，曾在东宫任太子洗马，当初就是他反复劝李建成早点儿除掉李世民。李建成死后，李世民特意把魏徵叫来，问他："你为什么要挑拨我们兄弟相残？"站在李世民面前的魏徵，竟然面无惧色，不卑不亢地说道："太子如果早听我的话，不可能是今天的结局。"

好一个耿直的硬骨头，李世民最欣赏这样的人。他不仅没有处罚魏徵，还要把他留下来委以重任，擢升魏徵为谏议大夫，让他充分发挥直言不讳的特长。

魏徵不是热衷于党争的小人，短暂的相处下来，他了解了李世民的能力与胸怀，从此心甘情愿辅佐李世民，开创"贞观之治"。

李世民曾问魏徵，如何做才算是明君。魏徵言简意赅："兼听则明，偏听则暗。"一句话正说到李世民的心坎上，从此，李世民广开言路、集思广益、择善而从，在朝堂上营造出一个宽松的政治环境，为贞观盛世打下了良好的基础。

耿直是把双刃剑，有时候，魏徵的直言进谏，也会把李世民气得冒烟：

李世民想大量征兵，魏徵说他是涸泽而渔，硬是把诏书拦了下来；李世民想给女儿长乐公主多赏赐些嫁妆，魏徵说他不合礼法，没有审批；李世民想养只鸟取乐，魏徵说他玩物丧志；李世民想重修洛阳宫殿，魏徵说他不知节俭，还不如隋炀帝……

类似这种君臣之间的正面冲突，不胜枚举，李世民虽然生气，但还是将魏徵的谏言一一采纳。如此一来，朝廷上下直言进谏成风。政治清明了，经济和文化也就繁荣了起来。

李世民最注重为官清廉，他先是命房玄龄裁撤冗员，又命李靖等十三名黜陟大使巡察全国，考察吏治，在整个贞观时期，很少出现贪污的案例，这绝对是值得让李世民骄傲的政绩。

在民生经济方面，李世民给了百姓充足的休养生息的时间，从不轻易征发徭役，还遣散了三千宫女，免去了各地的朝贡任务，同时减轻赋税，让百姓家有余粮，安居乐业。

关中地区连年灾荒时，李世民下令开仓赈济灾民，还亲自出钱为灾民赎回卖出去的子女，让灾民顺利度过荒年。

作为皇帝，李世民竟然还具备一定的商业头脑。他从不歧视商人，还为商业发展提供了许多便利条件。贞观时期，大唐不仅崛起了许多商业城市，还复兴了著名的"丝绸之路"，将东西方物质文明联系起来，成为当时整个世界的黄金走廊。

社会安定了，科技才能得到发展。贞观时期，唐朝还诞生了大量科学人才：数学家王孝通，提出了三次代数方程解法；天文学家李淳风，研制出浑天黄道仪；自然科学家吕才，完成了本土因明逻辑学著作；药王孙思邈，写成了《千金要方》……

这实在是一个文治武功空前繁荣的时代。随着唐朝国力渐渐兴盛，曾经称霸东亚的东突厥，在李世民的武力打压下，彻底失去了嚣张的气焰。

消灭东突厥之战，成为李世民人生中又一个高光时刻。从此，他成了西北各部族口中的"天可汗"，远在青藏高原的吐蕃王朝首领松赞干布，也仰慕大唐的繁荣，慕名前来求亲。

历来公主和亲，都是无奈之举，不是为了拉拢盟友，就是为了平息战火。松赞干布不懂这个道理，求亲的请求遭到拒绝，竟然出兵进犯大唐西部重镇松州。

堂堂"天可汗"怎么可能受吐蕃的威胁？李世民立刻兵分四路，讨伐吐蕃，直取松赞干布大本营。大唐军队主力尚未赶到，其先头部队已经击败吐蕃军，吐蕃损失惨重，松赞干布不得不撤军，彻底对大唐臣服。

不过，松赞干布又提出了和亲的请求，不同的是，这一次他的态度更加诚恳。他的诚恳打动了李世民，从宗室中挑选了一名女子，封为"文成公主"，与吐蕃结为姻亲之好。

为了表示对唐朝公主的重视，松赞干布为文成公主修建了一座宫殿，也就是如今的布达拉宫。文成公主进藏后不辱使命，为汉藏两族的友谊与文化交流做出了巨大贡献。

此时的大唐，已经成为万国来朝的天朝大国。它释放着空前繁荣的魅力，也用开放的胸襟包容着异域文化的共存。盛世之景，已初具雏形。

玄奘：历史上最著名的"偷渡"客

一部《西游记》，捧红了男主角唐僧。历史上真实的唐僧取经故事，就发生在唐朝贞观年间，故事里的男主角，法号"玄奘"，也叫三藏法师，是中国汉传佛教唯识宗的创始人之一。

玄奘出家时，只有十三岁。他的俗家姓名叫陈祎，老家就在洛阳。因为少年丧父，陈祎只能跟着已经出家的哥哥住在洛阳净土寺里。

学佛也需要天赋，在这方面，陈祎堪称天赋异禀。不过，当时的唐朝严格控制僧人数量，佛学天赋再高，想出家也必须通过层层考试选拔。

陈祎凭借出色的成绩，在考试中脱颖而出，最后却卡在了年龄上。因为年龄太小，陈祎没有拿到出家名额。就在这时，他遇到了生命中第一个贵人。

当年负责审核颁发洛阳僧人度牒工作的，是大理寺卿郑善果。他在净土寺偶然见到陈祎，就认定这个孩子极具慧根。他把陈祎叫到面前，说出了一句经典台词："请说出你的梦想。"陈祎也没有废话："继承佛祖如来志向，将佛法发扬光大。"

从此，大唐再也没有一个名叫陈祎的少年，却多了一位法号玄奘的僧人。

随着年岁渐长，玄奘对佛法也有了更深的领悟，成为洛阳小有名气的僧人。后来，为了躲避战乱，他又与哥哥一同去往蜀地。蜀地虽僻静，可那一方小小的净土，装不下玄奘大大的梦想。

学佛法也需要更广阔的天地，玄奘辞别哥哥，独自一人来到了京城长安。在这里，他听到了来自印度的高僧波罗颇迦罗蜜多罗的讲经，被印度佛学的魅力深深感染，从此有了去印度留学深造的念头。

他向朝廷申请公派留学，却遭到了拒绝，但玄奘并没有就此打消去印度求取真经的念头。

贞观三年（629），长安爆发了饥荒。朝廷允许百姓自行外出求生，玄奘趁机离开长安，开始了漫长的取经之旅。

凉州，是大唐与突厥之间战争的最前线，玄奘走到这里，收到了一份劝返通知。佛法在前方召唤，玄奘哪能就此止步？他把劝返通知搁置一旁，偷溜出境。

凉州都督李大亮一怒之下，发布了缉拿玄奘的通缉令。玄奘一路躲避着沿途关卡，来到了地处偏远的瓜州。

瓜州是西行路上的必经之所，在这里，玄奘遇到了生命中第二个贵人。

缉拿玄奘的通缉令已经下发到瓜州，不过，瓜州刺史令狐达并不在意，州吏李昌更是个虔诚的佛教徒。当得知站在自己面前的这位气度不凡的僧人就是要去西方求取真经的玄奘时，李昌当场撕毁了通缉令，还亲自安排玄奘离开瓜州，前往玉门关。

出了玉门关，就意味着正式离开了大唐管辖范围。可是，想要光明正大地出境，根本不可能。玄奘只能向东迂回十几里，从葫芦河偷渡出境。

前方迎接玄奘的，是上百里荒漠。沿途荒无人烟，只有大唐为侦察敌情而建的五座烽火台，俗称"五烽"。

当玄奘行至第一烽时，随身携带的水袋已经见了底。又饥又渴的他只能冒险到烽火台下取水，竟然险些被守烽的将士射杀。玄奘急忙亮出自己的身份，大喊自己是僧人，不是敌人。于是，玄奘生命中的第三个贵人出现了。

守烽校尉王祥得知玄奘执意西行，钦佩他对佛法的虔诚，亲自护送玄奘走过五烽，来到莫贺延碛（今新疆哈密东南）。

《西游记》中曾提到八百里流沙河，小说中，那是沙和尚的栖身之所。在真实的历史中，八百里流沙河说的就是莫贺延碛。这里沿途遍布流沙，玄奘一进入莫贺延碛，就迷失了方向。

行走在绵延数百里的沙漠中，玄奘喝完了水袋中最后一滴水，如果继续前行，只剩死路一条。玄奘思来想去，唯一的办法便是返回第四烽，去那里寻找水源。

这是玄奘西行之路上走的唯一一段返程路，每走一步，他都要承受内心巨大的煎熬。出发前，他曾立下誓言"不至印度，不东归一步"，如今为了生存，他只能违背誓言，可即便如此，想要找到水源也并不容易。

整整五天，玄奘滴水未进，甚至一度出现幻觉。走不动的时候，玄奘便在心中默念《心经》。佛法给了他前行的动力和勇气，也为他带来了好运。

第五天夜晚，玄奘终于跌跌撞撞寻找到一片绿洲。这里的水清澈甘甜，洗尽了玄奘在沙漠中跋涉的疲惫，也支撑着他穿过沙漠，来到西域。

西域佛教兴盛，玄奘一到这里就受到了西域各国的热情招待，他们争相要把玄奘留在自己的国家，高昌国王甚至威胁玄奘："如果不留下，就把你遣送回大唐。"玄奘去意已决，采取消极抵抗策略：整整三天水米不进，端坐念经，如同神像。

高昌国王被玄奘的执着打动，不仅亲自向玄奘道歉，还与玄奘结为异姓兄弟，又亲笔写下国书，请求沿途诸国对玄奘多加照顾。

玄奘临行之前，高昌国王又送来大量金银布匹和盘缠，足够玄奘用二十年。除此之外，他还送来四个剃度的小沙弥，沿途照顾玄奘的饮食起居。

高昌国王称得上玄奘人生中的第四位贵人，他们约好，在玄奘返程之时，专程在高昌国停留三年，为当地人讲解佛法。

离开高昌国后，玄奘途经阿耆尼，来到龟兹，又经过姑墨国（今新疆阿克苏），到达碎叶城，之后又经康国（今乌兹别克斯坦境内），终于抵达印度境内。

此时，距离玄奘离开长安，已过去了三年。在印度，他一路学习佛法，一路继续西行。又过了两年，玄奘此行的目的地——摩揭陀国的那烂陀寺终于出现在面前。

在印度的那十年，玄奘研习了五十多部佛教经书，积极参与佛教活动，在当地颇有名气。

贞观十九年（645），玄奘学成归来，重返长安。他带回了大小乘佛教经律论共五百二十夹[1]，六百五十七部，还有一

---

[1]　夹即"梵夹装"，源自古印度，当时的佛经刻写在裁制好的贝多树叶上，页页相摞，再用与贝叶大小适度的两块木板把贝叶夹住捆起来，这种装帧方式可以保护佛经并方便携带。

百五十粒佛舍利以及七尊佛像。

这样的留学成绩，足以抵消玄奘当年偷渡离京的罪过。载誉归来的玄奘，在皇帝李世民的安排下住进长安弘福寺，之后又迁往大慈恩寺。如今西安的大雁塔，就是当年的大慈恩塔，也是玄奘主持修建的。

回国后的二十年时间里，玄奘投身于佛经翻译工作，先后翻译出大小乘经论共七十五部，一千三百三十五卷。还将自己在西域之路上的所见所闻口述出来，由他的徒弟辩机和尚编写出《大唐西域记》十二卷。

公元 664 年二月初五，玄奘法师在长安圆寂，据史书记载，前来为玄奘送葬的队伍超过百万人。作为一名僧人，玄奘拥有了中国历史上最盛大的葬礼，直到一千多年后的今天，依然无人超越。

"懦弱"太子：皇位唯一的候选人

　　玄武门前那一场血腥的杀戮，让李世民得到了九五之尊的皇位，也在他心中留下了难以磨灭的阴影。

　　李世民最担心的，并不是自己在历史上留下手足相残的骂名，而是自己的孩子们将来为了夺取皇位，效仿当年的自己。李世民的担心不无道理，有他作榜样，另一场"玄武门事变"差一点就在他的儿子们中间发生。

　　既然家里有皇位要继承，那么挑选继承人就必须慎重。礼法中要求"立嫡立长"，李世民自己就不是长子，并不在意是否"立长"，但"立嫡"却是必须的。也就是说，他的皇位继承人，必须是他和长孙皇后所生的儿子。

　　那么这样一来，皇位候选人的范围就缩小到三个人，分别是皇长子李承乾、皇四子李泰和皇九子李治。

先说皇长子李承乾。他出生时，大唐已经建国，父亲李世民受封为秦王。于是，李承乾从降生那一刻起，就已经拥有了"世子"这把金钥匙。

因为祖父李渊的疼爱，李承乾尚在襁褓之中，就受封恒山王，五岁那一年，又被改封为中山王。可以说，李承乾的王位之路走得顺风顺水，父亲李世民也对他寄予厚望。

三岁，一般孩子可能连话还说不利索的年纪，李承乾就已经上学了。他的老师是秦王府十八学士中的两位儒学大师——陆德明和孔颖达。在儒学经典的熏陶下，李承乾"丰姿峻嶷、忍孝纯深"，皇位继承人需要具备的一切素质，他似乎都有。因此，李世民登基之后，第一时间立李承乾为太子。这一年，李承乾只有八岁。

后来，李世民又任命老臣李纲做太子少师，那时的李承乾，堪称仁义礼智信的"五好"少年，不仅勤奋好学，并且尊师重教。

李纲年迈，腿脚不好，李世民恩准他可以乘坐轿子出入皇宫和东宫。每次李纲的轿子出现在东宫门口，李承乾一定毕恭毕敬地出门迎接，亲自把老师扶进去，行过礼，再谦逊地请老师为自己讲课。

李承乾十二岁那年，李世民做出了一个重大决定：为太子提前举行冠礼。按照礼制，男子二十岁时才行冠礼，但如果是天子或诸侯之子，可以将举行冠礼的年岁提前，比如周文王姬昌，就是十二岁时举行冠礼，为的是早日熟悉国政。

李世民的这一决定，代表着李承乾从此成为名正言顺的皇位继承人。也是从那一年开始，李世民开始有意培养李承乾的治国能力，让他在朝堂上听讼。

李承乾的种种出色表现，让李世民无比欣慰。随着李承乾年纪渐长，李世民开始放心把军国大事交给李承乾独自处理。祖父李渊病逝时，李承乾只有十七岁，因为李世民要为父亲守丧，李承乾就代替父皇监国，表现得相当不错。

可以说，十八岁之前的李承乾，堪称优秀青年的典范。然而，李承乾十八岁这一年，他的生母长孙皇后离世，这一打击成了李承乾人生中的分水岭，从这一年开始，李承乾的个性越发乖戾，渐渐变成了一个不可理喻的叛逆青年。

同样是在十八岁这一年，李承乾患上了严重足疾，走路不便，多少有些残疾。身体上的病痛让李承乾的心理渐渐扭曲，他变得不再勤奋好学，整日沉湎于声色，还宠幸"娈童"，称呼自己的男宠为"称心"。

李世民一怒之下杀死称心，李承乾伤心不已，在东宫为死去的男宠立碑，还让宫人们日夜祭奠，自己也经常因为思念称心而哭泣流泪。

称心之死，让这对曾经父慈子孝的楷模产生了隔阂。不过，李承乾对父皇依然心怀敬畏，不敢将自己的叛逆表现在父皇面前。

在朝堂上，李承乾总是口口声声讲着"忠孝之道"，讨父皇欢心。只要回到东宫，他就撕下伪装，变回浪荡太子。

堂堂太子李承乾，竟然爱好上了偷盗。他还建造了八尺铜炉与六隔大鼎，派人到民间盗窃马牛，在宫中宰杀，自己亲手烹煮，再与心腹们分享。

不知为何，李承乾又突然学习起突厥语言，还让家奴们学习突厥乐曲，自己则装扮成突厥可汗，躺在地上装死，让宫人们祭祀自己。

老师们出言相劝，李承乾就扬言："将来我当了皇帝，如果有人敢进谏，来一个杀一个。"如此一来，再没有人敢劝谏，李承乾的行为也越发不知收敛。

天下没有不透风的墙，李承乾的种种出格表现，终于传到了李世民耳朵里。李世民对这个太子曾经抱有太大期望，如今看他这么不成器，便动起了换太子的念头。

太子的下一个候选人，是皇四子李泰。

李泰只比李承乾小一岁，从一出生就被祖父李渊封为宣都郡王，第二年晋封为卫王，也是一名深受李世民喜爱的皇子。

李泰最大的优点，是有文学才华。李世民为此特意恩准在他府中开设文学馆，自行招引文人雅士。贞观十年（636），李泰改封魏王，贞观十五年（641），他向父皇呈上了一份大礼——由他亲自主持编修的《括地志》。

李世民如获至宝，不仅将这部著作收藏进皇家藏书阁，还频频赏赐李泰，甚至超过了对太子的赏赐规格。为了不削减李泰的开销，李世民还干脆下诏，太子的花销从此也不受限制。

光是花销上的自由，还不足以让李泰萌生撼动太子之位的念头。但接下来，李世民打算让李泰入住武德殿，李泰就不得不产生非分之想了。

武德殿离皇帝寝宫最近，如果李泰住进那里，身份就堪比太子。虽然在群臣的劝谏下，李泰没能入住武德殿，但李承乾已经意识到，李泰这个亲弟弟已经成了自己继承皇位的最大绊脚石。

一场政治斗争，从此刻开始打响。

李承乾与李泰各自拉拢朝中有分量的官员，开始分庭抗礼。李承乾的斗争手段无所不用其极，对李泰诬告，甚至暗杀，都没能成功，最终他决定效仿自己的父皇，靠武力夺取皇位。他和心腹在东宫制订好了逼宫计划，但还没来得及实施，就传到了李世民那里。

得知亲生儿子谋反，想必李世民是痛心大过于愤怒吧。他最担心的事情还是发生了，儿子走上了他当年的老路，却没有成功。可无论如何，李世民还是不忍心处死李承乾，他的心软，让李泰等不及了。

见李世民迟迟不立自己为太子，李泰迫不及待地跑到父皇面前表决心。他知道，父皇最在乎兄弟和睦，于是他说："等我登基，就杀死自己的儿子，立弟弟李治为太子。"

　　李世民险些被李泰打动，还是大臣褚遂良一语点醒梦中人。他问李世民："陛下觉得父子情与兄弟情哪个更亲？"

　　是啊，玄武门之变的例子，还不足以证明兄弟情在皇位面前一文不值吗？

　　可是，如果真的把皇九子李治立为太子，李世民还有点不甘心。当时李治已获封晋王，可他天性懦弱，李世民并不喜欢他，但大臣们纷纷表态："晋王仁孝，天下归心，当立为储。"

　　如此一来，李治这个从未参与过太子地位争夺战的"懦弱"皇子，竟成了最后的人生赢家。

第三章

颠覆·敢为天下先的巾帼女帝

太白昼见：有人替女主挡了刀

贞观十七年（643），晋王李治被册封为皇太子。对于这个太子，李世民怎么看怎么不满意，可是没办法，长孙皇后所生的嫡子只剩下这一个还能用，还有老臣们护着，想换人也没有更合适的人选了。

虽然人人都觉得李治懦弱，但李世民还是对这位新任太子处处防备。皇长子李承乾谋划造反逼宫，彻底勾起了李世民对玄武门之变的所有回忆。他生怕有一天，自己也会被迫成为"太上皇"，因此，只要在位一天，他就要把军政大权牢牢掌握在手里。

掌握军政大权最有效的方式，就是打胜仗。贞观十九年（645），李世民御驾亲征高句丽。这一战，唐军歼敌四万，俘获敌军十余万人，缴获的牛马和粮草不计其数。不严格地说，大唐赢得了这场战役的胜利。可李世民还有遗憾，因为高句丽虽然战败，却没有被打服，辽东全境也没有被大唐完全收复。

没能取得完胜，李世民觉得有点窝囊，大军刚回到定州，李世民就病倒了。太子李治向来孝顺，自从李世民御驾亲征，负责留守定州的李治就急得天天哭，生怕父皇有个三长两短。为了让父皇安心打仗，李治每天写信向李世民汇报工作，关心李世民的饮食起居和边境战况。

李世民在定州病倒时，身上长了毒疮，溃烂流脓，孝顺的李治就亲自用嘴吸出毒疮里的脓水。直到此刻，李世民才终于被李治打动，放下了自己的防备之心，再也没有动过更换储君的念头。

贞观二十二年（648），长安天空出现了反常现象。负责掌管星象的李淳风来报，说大白天看见了金星，也就是俗称的"太白昼见"。

李世民听说过，这种反常天象往往预示着有大事发生，且通常都是不好的事情。果然，李淳风说，这是"女主昌"的预兆，预示着大唐三代后将由武姓女帝取而代之。

李淳风不是一个轻易编瞎话的人，他的话引起了李世民的重视。李世民是唐朝第二代皇帝，也就是说，李治当上皇帝之后，李家的江山就要保不住了。再联想到李治平时的懦弱作风，守不住大唐江山也是有可能的。

李世民赶快问李淳风是否有解救的办法，李淳风却说，这是天意，而且这名武姓女子已经进入皇宫，是离皇上很近的人。

李世民并不死心，继续追问："把宫里所有姓武的女子都杀掉怎么样？"李淳风无奈地说道："陛下，没用的，这是天意，杀再多的人也杀不死这个武姓女子。如果违抗天意，陛下后代子孙的命也保不住了。"

以李世民的性格，不可能就这样坐以待毙。从那天起，他看所有人的目光都带着几分猜疑，只想找出那个武姓女子，亲手杀了她。

一次宫廷宴会上，满朝文臣武将喝得都有点多，玄武门守卫、左武卫大将军李君羡借着酒劲，开始自报家门："跟你们说个秘密，我有一个小名，叫'武娘子'。"

满朝文武都嘲笑五大三粗的李君羡竟然有如此秀气的小名，李世民却笑不出来了。"武娘子""玄武门守卫""左武卫大将军"，他身上的"武"字也太多了吧，夺取李唐江山的那个"武姓女子"不是他还能是谁？

几天后，李君羡被贬为华州刺史。一个月后，他又被人举报图谋不轨，李世民立刻下旨将其处死，之后长舒了一口气。

李世民以为自己终于为李唐江山免除了后患，谁知，那个真正的武姓女子，早在十年前就已经进宫，还成了他的枕边人。

真正的武姓女子，名叫武媚，还是李世民亲自赐的名字。武媚的父亲，就是开国功臣武士彟。当年李渊起兵造反时，武士彟出力不小，还资助过钱粮衣物。大唐建国后，武士彟官至工部尚书、荆州都督，封应国公。

所以，武媚不是小门小户的女子，是名副其实的世家女。不过，武士彟死得早，武媚的亲娘杨氏不是正妻，在武家地位不高。武士彟死后，武媚的几位堂兄对她们母女百般欺负，杨氏无奈，只能带着两个女儿从荆州搬回长安。那一年，武媚十二岁。

武媚十四岁那一年，李世民巡幸洛阳宫，听说武士彟有个女儿容貌美丽，便召其入宫，封为五品才人。

李世民并非贪恋美色，只是因为武士彟是开国功臣，对其后代加以恩赏罢了。更何况，李世民身边并不缺少貌美的女子，武媚进宫后，并未获得多大恩宠，很快就被李世民搁置一旁了。

关于武媚在贞观年间的皇宫生活，流传着一个故事。当时有人向李世民进献了一匹宝马，名叫狮子骢。这是一匹烈马，进宫许久都没人能够驯服。当时武媚刚好陪在李世民身边，她主动上前，对李世民说："陛下，我能驯服这匹马。"

一个小姑娘竟然有驯服烈马的勇气，李世民有点惊奇，就问她都需要什么工具。武媚答道："只需要给我三件东西：一是铁鞭，二是铁棍，三是匕首。用铁鞭抽打它，如果不服，就用铁棍敲它的脑袋，如果还不服，就用匕首割断它的喉咙。"

这番话让李世民从惊奇转为了惊讶，面前这个看似柔弱的小姑娘，竟然能说出这么狠的话。李世民不喜欢这么心狠手辣的女子，也许就是从那时开始，他开始有意冷落武媚。

武媚进宫十年，地位没有丝毫提升。眼见李世民垂垂老矣，身体每况愈下，正值青春年华的武媚开始为自己的未来担忧。

李世民晚年病重期间，武媚和与自己年龄相仿的太子李治发生了感情。碍于身份限制，两人的恋情只能偷偷摸摸进行。那时的武媚，也许还没有掌握皇权的野心，只是想为自己争取一个更好的未来。她将自己的全部未来当作赌注，押在了李治身上。

贞观二十三年（649），唐太宗李世民驾崩，太子李治继位，是为唐高宗。

此时的武媚，并没有等来自己心心念念的美好未来，只等来一纸诏书：没有子女的嫔妃，一律入长安感业寺为尼。

"骨肉计"：从尼姑到皇后

李世民临终之前，始终在为太子李治的善良担心。作为一名皇位继承人，善良是优点，也是致命的弱点。为了让大唐基业不断送在善良的李治手里，李世民专门挑选了几名托孤大臣，他们分别是长孙无忌、褚遂良、于志宁、高季辅和李勣。

在生命的最后时刻，李世民特地把李治叫到病榻前，满怀深情地说："有长孙无忌和褚遂良在，你就没有后顾之忧了。"

可事实真的如此吗？未必！

这些托孤大臣都是当年跟随李世民一路出生入死的兄

弟，在"老大"李世民面前，他们心甘情愿俯首称臣，可是在李治面前，他们摇身一变，成了高高在上的老前辈，除了李勣，剩余几人结成了攻守同盟，把新皇帝李治排挤在政治边缘，把朝政的决策权牢牢掌握在手里。

这就是他们当初极力推荐李治成为太子的原因，因为他们觉得李治好拿捏，只要这些老臣在，李治只需要做一名听话的皇帝就可以。

不过，他们小瞧了李治。作为一名二十出头的热血青年，李治虽然脾气好，却不甘心成为老臣们的提线木偶。所以，当李治发现那些所谓的托孤大臣都只听命于长孙无忌和褚遂良时，便开始想方设法为自己寻找政治同盟。

此时正在长安感业寺当尼姑的武媚，即将成为李治的第一个政治盟友。

武媚离宫之前，与李治的感情已经如胶似漆。李治曾经信誓旦旦地承诺，一定会找机会把武媚接回来。只是没想到，机会竟然来得这么快。

李世民去世一周年的忌日，李治来到感业寺进香，趁机与武媚互诉衷肠。这一切都被皇后王氏看在眼里，回宫后，王皇后就主动向李治提出接武媚回宫。

王皇后如此贤惠大度的提议背后，暗藏着一个不可告人的小心思。当时，萧淑妃宠冠后宫，被嫉妒冲昏了头脑的王皇后希望武媚能分走李治对萧淑妃的宠爱。

武媚没有让王皇后失望。永徽二年（651），武媚顺利回到皇宫，被封为正二品昭仪。不久，武昭仪生下皇子李弘，在后宫稳稳站住了脚跟。如王皇后所愿，萧淑妃就此失宠。就在王皇后暗自庆幸自己找对了帮手的同时，危险正向她一步步逼近。

武昭仪的野心，不是成为皇帝的宠妃那么简单。她"职业规划"的下一个小目标，是成为皇后。

永徽五年（654），武昭仪生下长女（后追封安定思公主）。公主满月时，王皇后前来探望，逗了公主好一会儿才离开。王皇后走后，李治也来探望女儿。武昭仪满心欢喜地迎接李治。两人一同掀开盖在公主身上的小被子，竟发现公主已经断了气。武昭仪伤心欲绝，哭得险些背过气去。

李治大惊失色，赶忙问宫中侍从，刚才有谁来过。侍从们都说，王皇后刚刚来探望过公主。武昭仪趁机向李治哭诉，说王皇后嫉妒自己得宠，处处找碴儿，一定是她杀死了自己的女儿。

关于这一场发生在皇宫里的谋杀案，一度有人猜测，是武昭仪为了陷害王皇后，亲手杀死了自己的女儿。无论真相如何，在人证与物证都不利于王皇后的局面下，王皇后没有办法洗清自己谋杀公主的嫌疑。也是从那时开始，李治有了废掉王皇后，改立武昭仪为后的念头。

一直以来，李治对武昭仪的政治天赋十分欣赏，他希望通过"废王立武"，让武昭仪成为自己在朝堂上的后盾，重振原本就属于自己的皇权。

然而，更换皇后人选毕竟是关系到皇家颜面的大事，必须有托孤大臣的支持。于是，李治以王皇后"无后"为由，稍稍透露出打算废后的想法，竟然立刻遭到了以长孙无忌和褚遂良为首的托孤大臣们的反对。

无奈之下，李治只好打起感情牌。他带着武昭仪亲自拜访长孙无忌，送来十车金银，还封长孙无忌的三个儿子为侯。钱和爵位，长孙无忌都收下了，但是关于"废王立武"一事，他紧紧地闭上了嘴，坚决不说同意。

李治"废王立武"的决心已下，他决定效仿隋文帝和独孤皇后，在朝堂上并称"二圣"。从长孙府回来的第二天，武昭仪就出现在朝堂上，隔着帘子坐在李治身后。

第一个跳出来直言反对的，是褚遂良。他的话很直接："就算废后，也不能立武氏为后，她是什么身份？不仅出身低微，还侍奉过先帝。"说完，褚遂良磕头不止，这位六十多岁的老臣，竟然把自己磕得满脸血。

看着眼前这一幕，李治不仅不感动，反而更加愤怒。不料，还没等李治发作，坐在帘子后面的武昭仪竟然率先发话："来人，把这个嘴上没有把门的狗东西拉下去斩了。"

武昭仪的一声怒吼，彻底惊醒了李治。他突然意识到，褚遂良看似直言进谏，实际是在以死相逼，威胁自己的皇权。

李治决定一定要把废后这件事办成，让这些倚老卖老的大臣见识一下自己身为皇帝的血性。

眼见武昭仪这一嗓子喊出了态度，那些被托孤大臣排挤在政治中心之外的大臣看到了崛起的希望。中书舍人李义府率先扛起了支持"废王立武"的大旗，立刻得到李治和武昭仪的重赏。许敬宗、崔义玄等人紧随其后，站在了支持武昭仪的阵营中。

光有这几位大臣的支持，分量还不够，李治突然想到了李勣。同样身为托孤大臣的李勣，和长孙无忌等人从来都不是一伙儿的，如果能得到他的支持，这件事就成功了一多半。

于是，李治亲自来到李勣家里，向他倾诉长孙无忌和褚遂良等人的无礼举动，又找准机会，询问李勣对"换后"有什么看法。

李勣的回答很有意思："这是陛下的家事，何必征求外人同意？"

一句轻描淡写的回答，让李治茅塞顿开：是啊，我不是在重振皇权吗？自己的事儿都做不了主，还谈什么皇权？

褚遂良的"冒进"与李勣的"支持"，让胜利的天平最终倒向武昭仪一边。永徽六年（655）九月，褚遂良被贬至潭州，十月，立武昭仪为皇后，大赦天下。同时，王皇后与萧淑妃被贬为庶人，家人流放岭南。

四年后，长孙无忌以"谋反"罪名被李治赐死。李治原本以为，自己在这场换后风波中实现了双赢：既拥有了政治同盟，也夺回了皇权。然而实际上，李治不过是皇权的"搬运者"，不久之后，他就会亲手把皇权交到武皇后手中。

一代女皇：把大唐分成两段

"废王立武"成功之后，李治终于找到了做皇帝的感觉。那是他人生中最扬眉吐气的一段时光，既有武皇后的辅佐，也有文臣武将的臣服。

显庆五年（660），李治患上了风疾，严重时头晕目眩，甚至看不清东西。于是，武皇后的政治天赋终于派上了用场，也只有把朝政大权交到这个最信任的人手里，李治才能放心。

在政坛崭露头角的同时，武皇后也拥有了自己的"死忠粉"，新任宰相许敬宗作为其中的骨干成员，早在五年前就曾代表皇后发声：太子的人选该换一换了。

当今太子李忠，是李治的庶长子，生母是出身卑微的刘氏。王皇后在位时，因为没有生育，李忠的太子地位还算稳固。随着武皇后上位，皇子李弘就成了名正言顺的嫡长子，许敬宗认为，李弘当太子更合适。

许敬宗的提议立即得到了李治的批准，年仅十四岁的前任太子李忠，在几乎还没有搞明白什么叫作政治的年纪，就早早地退出了政治舞台。

随着李治的风疾发病越来越频繁，武皇后也不断在朝堂上扩大自己的政治势力。李治渐渐发现，武皇后越来越有主意，有时就连他的决定都会遭到武皇后反驳。更可怕的是，皇后"粉丝团"的成员还在不断增多，他们似乎更愿意听从武皇后的指令，并不把他这个皇帝放在眼里。

于是，李治生平第二次有了废后的念头。

麟德元年（664），宰相上官仪上疏请求废后。这自然是李治的主意，借着这封奏疏，李治有了废后的台阶，令上官仪当场起草废后诏书。

然而，诏书还没有写完，接到宫人密报的武皇后就出现在了李治和上官仪面前。面对武皇后的强大气场，李治完美呈现了"妻管严"的教科书式反应，第一时间为自己抓了只替罪羊，他说："这可不是我的意思，都是上官仪教唆我这么干的。"

被皇帝出卖的下场，通常都会死得很惨。文采斐然的上官仪，就这样被赐死狱中，还连累全家人都被充为奴隶。

从此，再也没有人敢挑战武皇后的权威，她光明正大地坐到了朝堂上，与李治并称"二圣"，临朝听政。

武皇后临朝的那几年，大唐接连发生了几件大事：先是西突厥和百济被灭，再是高句丽被薛仁贵带兵征服，就连一度猖狂的倭寇也在大唐的国土上被收拾得服服帖帖，再然后，西边的龟兹、铁勒、疏勒也先后被平定。

接二连三的优异战绩，让武皇后在朝堂上地位越发稳固。不过，武皇后有一个最大的优点——不居功。她把所有功劳都算在皇帝李治身上，还主动劝说李治封禅泰山，彰显皇帝的功绩。

乾封元年（666），帝后二人率领文武百官、内外命妇及各国使节前往泰山封禅。按照惯例，封禅时由皇帝初献，公卿亚献。然而武皇后执意要打破这一惯例，她认为，封禅为祭地之仪，由太后配享，彰显后土之德。因此，她要亲自充当亚献，理由是为了孝敬婆婆。

如此冠冕堂皇的理由，李治自然无力反驳。封禅归来后，李治的风疾时而发作，身体每况愈下。咸亨五年（674），李治称天皇，武皇后改称天后，改元上元，大赦天下。

从此，李治把朝政交给天后处理，自己则退居二线，安心养病。至此，天后成了大唐皇权的拥有者，也许就是从这时开始，武皇后有了称帝的野心。

皇帝之所以自称"寡人"，那是因为人一旦坐上至尊之位，就注定孤独。心如磐石的武皇后，从来不惧怕孤独，为了扫清自己称帝之路上的障碍，她不惜将自己的亲生儿子们当作牺牲品。

太子李弘是武皇后的长子，在文武百官中口碑向来不错。然而，咸亨二年（671），李弘不知道中了什么邪，竟然替萧淑妃的两个女儿求起了情。因为萧淑妃被废黜，她的两个女儿义阳公主和宣城公主一直被幽禁宫中，年龄很大了也没有出嫁。李弘得知后十分震惊，上书请求允许两位姐姐出嫁。

自己的亲生儿子竟然同情敌人的女儿，武皇后并不伤心，却出离愤怒。几年后，年仅二十三岁的李弘猝然离世，有人怀疑是武皇后对亲生儿子痛下杀手，却毫无证据，只能任由李弘之死成为唐朝历史上的一宗悬案。

接替太子之位的，是武皇后的次子李贤。李贤比他的哥哥更有政治头脑，也懂得拉拢人才为自己日后的皇位铺路，却引来了母亲的忌惮。

术士明崇俨曾对武皇后说，李贤不堪太子大任，英王李显和相王李旦都比他更合适，李贤为此对明崇俨厌恶至极。因此，当明崇俨突然被谋杀，武皇后自然而然就把怀疑的目光落在了李贤身上。

不久之后，有人告发太子李贤谋反。武皇后派人去东宫搜查，果然搜出了上百件铠甲。无论这上百件铠甲是否足够成为李贤谋反的证据，但武皇后说他有罪，他就一定有罪。于是，李贤被废去太子之位，流放巴州。

就在李贤被流放的第二年，唐高宗李治驾崩，武皇后的三儿子李显继位，是为唐中宗。

随着儿子登基，武皇后的身份已经升级为武太后，她依然是大唐王朝的皇权拥有者，身为皇帝的李显，更像是母亲的提线木偶。

李显对此并不甘心，他要从母亲手中夺权。在性格上，李显与父亲李治有相似之处，那就是都对自己的妻子无比信任。皇后韦氏的远房亲戚被李显一个个安排到重要岗位，中书令裴炎上书反对，李显竟然在朝堂上怒吼："朕就是把整个天下都送给韦氏又怎样？"

这番荒唐到不着边际的话，成了武太后废掉李显的最有力理由。李显登基的第五十五天，就被自己的亲生母亲从皇位上拖了下来，之后，武太后的小儿子李旦登基，成为新任皇帝。

生性懦弱的李旦，从来就不曾觊觎皇位，他宁愿当一个老老实实的"废物"，至少还能活得久一些。

登基之后，李旦心甘情愿服从母亲的指挥，让母亲以太后的身份摄政，至此，武太后的称帝之路，终于畅通无阻。

垂拱四年（688），武太后的侄子武承嗣命人在石头上凿了八个字"圣母临人，永昌帝业"，之后把这块石头进献给武太后，声称是在洛水中发现的。武太后大喜，为石头取名为"宝图"。当年，武太后加尊号为"圣母神皇"，率领皇帝、太子及文武百官，亲自"拜洛受图"。

借助"神迹"为自己正名，武太后的称帝意图已经相当明显。载初元年（690）九月，官民、宗亲、四夷首领、沙门、道士……总之，整个天下的人都异口同声地请求武太后登基称帝。

为了"顺应民意"，武太后"勉为其难"地答应了。九月九日，武太后登上则天门楼，正式称帝，大赦天下，改唐为周，改元天授，定都洛阳，上尊号为"圣神皇帝"，成为中国历史上第一个，也是唯一一个女皇帝。原本的皇帝李旦，则降级为太子，并且被武皇赐姓武氏。

在称帝之前，武太后已将自己的名字从武媚更改为武曌，取日月当空之意。武曌改元称帝，为李唐江山的统治画上了一道分隔线。不过，这道分隔线，并没有割裂大唐的繁盛局面，它更像是历史的助推器，将大唐的繁荣气象推向了高潮。

政治家的气魄：治宏贞观，政启开元

　　在女皇武曌登基称帝之前，中国古代社会的男权统治已经维持了几千年。女人当皇帝，让习惯了接受女人仰视的男人们感受到了冒犯。他们不惜用"牝鸡司晨"这样难听的话来讽刺女子从政，更偏激一些的人，干脆用造反的方式表达不满。

　　早在前前任皇帝李显被拉下皇位，废黜为庐陵王的那一年，徐敬业就打着"扶持庐陵王"的幌子，在扬州起兵造反。

　　徐敬业造反造得理直气壮，出兵之前，他还特意让负责掌管文书机要的骆宾王起草了一篇《为徐敬业讨武曌檄》，公开向当时还是太后的武曌宣战。

　　作为一名七岁就能写出"白毛浮绿水，红掌拨清波"这种传世佳句的神童，骆宾王将一篇讨伐檄文写得慷慨激昂，文采飞扬。武曌见到这篇檄文，竟然有些爱不释手。她被作者的文采深深打动，如果檄文中讨伐的那个人不是她自己，估计武曌都会萌生发兵讨伐的冲动。

武曌还是冷静的，她问大臣："是谁写了这篇檄文？"大臣回答："骆宾王。"武曌深深叹了一口气，不仅脸上毫无怒色，语气中还充满了赞赏与遗憾："这是宰相的过失啊，让这样一个大才流落不遇！"

赞赏归赞赏，对待公然挑衅自己权威的人，武曌还是不会手软。接到檄文的当天，武曌就派出三十万大军前往扬州征讨。徐敬业的这一场造反，持续了不到两个月，就以失败告终，徐敬业随后自尽，才华横溢的骆宾王也从此下落不明。

徐敬业造反一事，让武曌意识到，自己潜在的敌人不在少数。为了不再有下一个徐敬业出现，武曌下令打造四个铜制的检举箱，取名为"铜匦"，放置在洛阳宫前。

有了铜匦，人人都可以成为告密者。在武曌的鼓励下，那些远道而来的告密者还会享受到官员的待遇，由官府亲自护送到洛阳，接受武曌的接见。哪怕举报的内容并不属实，告密者也不会受到任何惩罚。

只要有人告密，就要有人负责调查。偏偏负责掌管治狱的周兴、来俊臣等人生性残暴，被举报者只要落到他们手里，就会遭受各种酷刑审讯，能活着走出来的人寥寥无几。

一时间，朝中文武百官人人自危，生怕哪一天就会有人举报到自己头上。每天上朝之前，他们都会满怀悲壮地与家人进行最后的诀别，把每一天都当成自己活在这世界上的最后一天。

铜匦告密的手段，的确让朝堂得到了暂时的稳定，满朝文武大臣乖乖服从武曌的管理。但武曌知道，告密毕竟是不正之风，靠这种上不了台面的手段管理大臣，早晚有一天会闹出乱子。

于是，武曌登基之后，立刻着手转变社会风气，告密制度逐渐被遏制，那几个手上沾满鲜血的酷吏，首当其冲成了女皇的替罪羊。

武曌登基的当年，曾经逼杀废太子李贤的酷吏丘神勣栽了。有人告发丘神勣谋反，第二年，丘神勣就被斩首。

就在丘神勣被处死的同时，有人告发酷吏周兴是丘神勣的同谋。不得不说，女皇在清除酷吏时采用的方法有些简单粗暴，但又非常好用。

当年周兴作为酷吏成员之一，最擅长的就是罗织罪名，迫害宗室和大臣。死在他手上的皇室宗亲数不胜数，每一个都死状凄惨。

周兴还有一个特长，擅长搞酷刑小发明。讽刺的是，他竟然死在自己发明的酷刑之下。

接到周兴伙同丘神勣谋反的举报，女皇立刻派酷吏来俊臣去调查。来俊臣假惺惺地请周兴吃饭，酒过三巡，来俊臣拿出最"诚恳"的态度，向周兴请教一个问题："现在的犯人真是越来越不好对付，我就遇到了一个，死活都不肯认罪，该怎么办才好？"

周兴"嘁"了一声，显然对这种小儿科的问题感到不屑。凭周兴的"天赋"，几乎不用怎么思考，一个崭新的酷刑就诞生了。他说："这还不简单，找一个大瓮，把犯人放进去，再架上火烤他，我就不信他不认罪。"

来俊臣听后，就差把"开心"两个字写在脸上了，立刻派人按照周兴的话布置好酷刑现场，亲自把周兴请到瓮边，说道："来某奉陛下圣旨审查你，请君入瓮吧！"

一不留神，来俊臣还创造了一句成语。不过周兴并没有真的入瓮，眼见大事不妙，他当场下跪磕头求饶，什么都肯招。

按照大周律法，周兴应当处死。女皇免了他的死罪，只判其流放岭南。周兴做酷吏时种下的恶因，最终结出了恶果，流放走到半路，就被仇家所杀。

酷吏们接二连三被处死，朝野上下拍手称快。不过，女皇的政治手腕实在高明，她留下了来俊臣，让来俊臣成为悬在文武百官头上的一根"狼牙棒"，时刻提醒着官员们要安分。

女皇的手下留情，让来俊臣有些得意忘形。他竟然想罗织罪名诬告武氏诸王和太平公主。这些人哪是好惹的？他们联起手来，弄死区区一个酷吏实在易如反掌，就算女皇有意偏袒，也保不住来俊臣的命。

万岁通天二年（697）六月初三，来俊臣在闹市被斩首。围观百姓出于憎恨，争相上前去剐他的肉，很快就把来俊臣的尸体剐成一具骨头架子。女皇听说后，终于意识到人们对来俊臣的憎恨，下诏诛灭来俊臣全族，查抄他的全部家产，为民众雪恨。

随着来俊臣的死，武周的酷吏制度就此落下帷幕。作为一名出色的政治家，女皇只将酷吏当作自己稳定政局的一个道具，达到目的后随时可以抛弃。女皇深知，与酷吏相比，那些正直之臣才真正有利于江山社稷。因此，即便在酷吏最猖獗的时候，贤臣们始终稳居朝堂，不曾遭到迫害。

在保护贤臣的同时，女皇还想方设法为朝堂选拔贤才。每年，朝廷都要派遣存抚使去往各地网罗人才，再将人才送到京城，由女皇亲自考试。成绩优异者，不论年龄，不论出身，全部破格重用。女皇还下令，所有官员和百姓，如果觉得自己有才华，可以通过自荐的方式获得官职。

武周时期的科举制度，在李唐科举制度的基础上得到进一步发展，不仅科举考试的科目增多了，录取人数也大大增加，达到贞观年间的两倍之多。通过科举选拔出来的人才，还要由女皇亲自面试，殿试制度就此诞生。除了文试，女皇武曌还首创了"武举",为朝廷选拔武官。

在官员任用方面,女皇武曌向来严苛。她最恨贪官污吏,每年都要派遣使者考察各州县官吏,一旦有贪赃枉法者,无论官职高低,都要严惩。而那些清正廉明、刚正不阿的官员,则会得到破格提拔。

因此,武周一朝一度号称"君子满朝",著名贤臣姚崇、宋璟、娄师德、狄仁杰都在其中。这些贤臣成为女皇身边的重要支柱,在他们的辅佐下,唐太宗李世民开创的"贞观之治"得以延续,也为后来的"开元盛世"打下了基础。

还位李唐：谁懂女皇的纠结？

在中国历史上，波谲云诡的朝堂，从来都不是女人的战场。武曌能成为中国正史中唯一一位女性皇帝，足以证明她是一位兼具谋略与胆识，又懂得如何收服民心的政治家。然而，就是这样一位杀伐果断的女皇，在面临皇位继承人的问题时，陷入了深深的纠结。

摆在女皇面前的选择有两个：一个是李氏子孙，另一个是武氏子孙。

女皇登基时，曾将皇子李旦立为皇嗣，并赐姓武氏。但如果将来真的传位给李旦，女皇还有些不甘心，毕竟她的皇位是从李氏手中拿来的，李旦即便改姓武，归根结底还是李家人。将来如果李旦登基，那女皇辛辛苦苦创立的大周王朝很有可能就不复存在了。努力了半生，最终回归起点，这还有什么意思？

于是，女皇只好把目光放在娘家人身上。

在武氏子孙中，武承嗣是最优秀的一个。他是女皇同父异母哥哥武元爽的儿子，也就是女皇的亲侄子。女皇登基时，武承嗣被封为魏王，官拜文昌左相。

在女皇登基这件事上，武承嗣的确出力不少。他不仅为女皇称帝大造舆论，还唆使酷吏周兴罗织罪名，诛杀了大量李唐宗室，为女皇称帝扫清了道路。

女皇登基之后，武承嗣立刻瞄准了太子的位置。他知道，想要在未来当皇帝，必须现在当上太子。因此，武承嗣除了想方设法打击、诋毁皇嗣李旦之外，还在女皇面前极尽阿谀奉承之能事。

长寿二年（693）九月，武承嗣率领五千人上表，请求为女皇加尊号"金轮圣神皇帝"；第二年五月，他又率领两万六千多人上表，请求为女皇加尊号"越古金轮圣神皇帝"。这两次请求，女皇都兴高采烈地接受了，还专门为此大赦天下。

女皇晚年时，宠幸面首张易之、张昌宗兄弟，武承嗣对这二人点头哈腰，亲切地称呼他们为"五郎""六郎"，甚至不惜放下尊严，为这二人牵马坠镫。

见女皇迟迟不立自己为太子，心急如焚的武承嗣后来索性直接跑到女皇身边"吹风"。他说："自古以来，天子没有把异姓人立为继承人的。"正在女皇为此举棋不定的时候，几个关键人物的出现，最终决定了女皇的选择。

第一个关键人物，是宰相岑长倩。当年，李唐宗室起兵反对女皇，岑长倩以后军大总管的身份带兵征讨，大获全胜。女皇登基后，拜岑长倩为文昌右相，封邓国公，地位仅在武承嗣之下。

武承嗣急于成为太子，找来了洛阳人王庆之帮忙游说女皇。王庆之率领数百人，上表请求立武承嗣为太子，理由：既然皇帝姓武，太子就不应该姓李。

这句话听上去很有道理的样子，女皇立刻召集大臣，召开立储会议。就在这次会议上，岑长倩提出了反对意见。

岑长倩说："当今皇嗣贤良仁爱，没有任何过错，怎能无缘无故说废就废呢？况且，立谁为太子，事关国政，怎么能听一个老百姓瞎议论呢？"

一番话说得女皇无力反驳，满朝官员也随声附和，说宰相说得对。于是，立武承嗣为太子这件事只能暂时搁置。

武承嗣得知是岑长倩阻碍了自己的太子之路，恨得咬牙切齿，立刻联合酷吏来俊臣，为岑长倩罗织了一个谋反的罪名，将岑长倩诛杀。

只要武承嗣没有当上太子，王庆之的任务就没有完成。因此，他隔三岔五就要跑到女皇面前去游说。每天都有人追着问"你死了以后谁当皇帝"，换作是谁都开心不起来，更何况是暴脾气的女皇。就在女皇对王庆之不厌其烦的时候，第二个关键人物出现了。

女皇找来凤阁侍郎李昭德，让他把王庆之拉出去教训一顿。李昭德愉快地接受了这个任务，把王庆之拉出宫门，乱棍打死。

李昭德向来讨厌武承嗣的为人，打死王庆之后，李昭德又来到女皇面前，苦口婆心地讲起了不能立武承嗣为太子的道理，并且条理清晰。他说："第一，儿子和侄子，究竟哪个更亲呢？当然是儿子亲。所以江山要传给儿子，不能传给侄子。第二，自古以来，人死后都是由儿子来祭祀，陛下可曾听过侄子祭祀姑姑的事情？第三，就算是武承嗣愿意祭祀您这位姑姑，那死去的高宗皇帝呢？武承嗣会去祭祀吗？没有人祭祀，高宗皇帝岂不是变成孤魂野鬼？陛下您忍心吗？"

如此连珠炮式的反问，总算让女皇再一次冷静下来。武承嗣的太子之路，真是一步一个坎儿。为了扫清障碍，武承嗣还是得对李旦下手。

随着李旦被人诬告谋反，第三个关键人物出现了。

这个人名叫安金藏，是太常寺的一名乐工，经常在李旦身边侍奉。女皇对李姓宗室一直很有戒心，李旦名义上是皇嗣，实际却和被软禁差不多，许多官员因私下拜见李旦都被处以极刑。

当听说李旦谋反时，女皇立刻派来俊臣去调查。酷刑逼供是来俊臣一贯的手段，李旦身边的人受不住酷刑，纷纷屈打成招，只有乐工安金藏坚决要为太子洗脱罪名。他说："如果不相信太子没有谋反，那就剖开我的心，看看我说的是真是假。"说到这里，安金藏拔出身上的佩刀，毫不犹豫地剖开自己的腹部，肠子都流到了地上。

此举让女皇大为震惊，立刻命御医为安金藏诊治。好在安金藏命大，活了过来，女皇亲自来探望，感叹道："太子不能为自己洗冤，还要你来为他洗脱罪名，你比太子更忠诚啊！"

一场流血事件，唤醒了女皇的母爱，李旦再一次保住了自己岌岌可危的皇嗣之位。接下来，第四位重要人物——狄仁杰即将登场。

女皇向来敬重狄仁杰的耿直忠正，尊称其为"狄老"，因此，狄仁杰的话在女皇那里一直很有分量。

狄仁杰的话，与李昭德有异曲同工之妙。他说："陛下如今的江山，是高祖太宗时期打下来的，高宗临终前也亲手把江山托付给您，如果您把皇位传给武承嗣，怎么对得起他们呢？况且，姑侄与母子，哪个关系更亲？如果陛下把亲生儿子立为太子，百年后自然千秋祭祀不绝；如果立侄子，您听说过对姑姑祭祀不断吗？"

这番话终于让女皇下定了立亲生儿子为太子的决心。不过，新任太子并不是李旦，而是已经被废黜为庐陵王的李显。

无论最终谁成为太子，都证明女皇已经决定将天下归还李氏。武承嗣终于认清自己与皇位无缘，抑郁而终。

　　兜兜转转，皇位最终又回到李氏一族。正因这几位关键人物的出现，才促使女皇做出明智的决定，大唐王朝才迎来了后来的"开元盛世"。

无字碑：是桀骜还是无奈？

在女皇称帝之前，帝都就已从长安迁到洛阳，并更名为神都。据《逸周书》记载，周公为了歌颂周朝的文治武功，曾在洛阳建造过一座明堂。虽然那座明堂从未有人见过，但在世人的心目中，明堂是盛世的象征，于是，女皇也想效仿周公，在洛阳建造一座能够彰显神都威严的明堂。

负责掌管明堂建造的主理人，是一个名叫薛怀义的和尚。他的身份有些特殊，既不是高僧也不是官员，更不是专业的建筑师，而是女皇的男宠。

薛怀义的本名叫冯小宝，成为和尚之前，他只是洛阳城中的一名小商贩，因为长相俊美，身材又好，在街上摆摊没多久，就被千金公主看上了，冯小宝就此乌鸡变凤凰，成了千金公主的枕边人。

千金公主是唐高祖李渊的女儿，从辈分上讲，是女皇的姑姑。女皇登基后，李唐宗室大多遭遇不幸，千金公主因为善于逢迎，活了下来。她比女皇小十几岁，为了讨好女皇，千金公主主动请求做女皇的义女，辈分虽然降低了两辈，但在女皇面前还算是吃得开。

遇到冯小宝时，千金公主已经年过五十。年轻健壮的冯小宝，在床榻上自然是生龙活虎。尝到好处的千金公主，立刻把冯小宝献给了年过六十的女皇。女皇感受到冯小宝在床榻上的"勇猛"，当即决定要把他留在身边，随时"享用"。

为了让冯小宝能名正言顺地出入皇宫，女皇安排他在洛阳白马寺剃度，又让自己的女婿薛绍认冯小宝为叔叔，如此一来，冯小宝变成了"高僧"薛怀义。

恃宠而骄的薛怀义，从不把官员放在眼里。一次，薛怀义在皇宫门口冲撞了宰相苏良嗣的仪仗队，苏良嗣早就看不惯薛怀义的骄横跋扈，借机叫手下把薛怀义揪过来一顿暴打。薛怀义跑到女皇面前去哭诉，女皇亲昵地摸了摸薛怀义的光头，语气平淡地说："北门才是你出入的地方，南衙是宰相理政的地方，你没事到那里闯什么祸呢？"

男宠和宰相，孰轻孰重，女皇拎得清。

让薛怀义主持修建明堂，充分体现出女皇的知人善任。在薛怀义主持下，一座宏伟壮丽的三层楼明堂，只用了十个月时间就竣工了。女皇兴高采烈地为其取名为"万象神宫"，薛怀义的恩宠一时无人能及。

可惜，市井出身的薛怀义，终究改不掉流氓本色。他的身边聚集了一群无赖混混，俨然成了一个涉黑的社团组织，终于有人看不过去，在女皇面前参了薛怀义一本。

恩宠归恩宠，女皇绝不可能为了一个男宠牺牲好不容易得来的安定政局，她下令流放薛怀义的全部党羽。薛怀义意识到自己可能失宠，顿时因爱生恨，一把火烧了由他亲自督建的明堂，也烧光了女皇对他仅存的一点感情。

关于薛怀义的死法，历史上流传着许多版本。总之，薛怀义死了，女皇也许会因此感到遗憾，却绝对不会为一个男宠的死而悲伤太久。

薛怀义死的那一年，女皇七十岁，却依然精力旺盛。于是，美少年张易之、张昌宗兄弟适时填补了薛怀义留下的空白。

这兄弟二人不仅年轻俊美，还知书达理，对政治和权力也有一定的渴望。成为女皇的男宠之后，他们承担起替代女皇与外朝大臣联络的职责，政治野心日益膨胀。

随着女皇年龄渐长，变得深居简出，她的大部分政令都由二张兄弟负责传达。不过，这兄弟二人明白，即便自己能染指权力，却不能掌握权力，一旦失宠，很可能落得和薛怀义一样的下场。

于是，他们开始私下与武氏子弟联络，试图把持内廷，进而掌握皇宫大权。

张氏兄弟的激进，让刚刚恢复太子之位的李显感受到了威胁，深受迫害的朝臣们也早就对这二人心生不满。因此，太子与朝臣联手，想要除掉一对祸乱朝政的兄弟，差的只是一个时机而已。

神龙元年（705），女皇病重，在迎仙宫集仙殿卧床不起，不见外臣，只有张氏兄弟侍奉在侧。

朝臣们相信，这是除掉二张兄弟的大好时机。于是，宰相张柬之、崔玄暐与几位大臣以及禁军统领李多祚联合起来，劝服太子李显，佯称二张兄弟谋反，率领五百名禁军冲入宫城。二张兄弟毫无反抗之力，被禁军轻而易举杀死。

之后，禁军包围了集仙殿，请求女皇退位。

那是李显第一次见到女皇没有梳洗打扮的样子。年老与重病，让昔日精神矍铄的女皇变得面容憔悴，那一刻，李显惊呆了，竟然久久都没能说出一句话。

那也是他第一次见到女皇的眼泪，不过，女皇一开口，语气还是一如既往地冷淡与平静，光听声音，让人根本无法分辨她的情绪。她对李显说："我从房陵把你接回神都，就是要把整个天下托付给你，而你竟然受这些人的撺掇，迫不及待想要夺皇位，还惊动了我。"

李显听后立刻跪地"拜谢死罪"，哭泣不已，而疲倦至极的女皇则闭上眼睛，不再说话。女皇已经意识到，还位李唐的这一天，终于还是来了。

历史上将这一场政变称为"神龙政变"，政变结束两天后，女皇下诏传位于太子。不出女皇所料，李显在登基后的第二个月，就宣布恢复国号为大唐。短暂的大周王朝，至此终结，一度被分割开来的大唐王朝，重新回到了原来的轨迹上。

退位后的女皇，在上阳宫度过了十个月的幽居生活，在神龙元年十一月二十六日（705年12月16日）永远闭上了双眼，享年八十二岁。

临终之前，女皇留下遗言：去帝号，称"则天大圣皇后"，并赦免了生前与她作对的王皇后、萧淑妃及其族人，还有褚遂良、韩瑗、柳奭三人及其亲属。

最终，女皇还是长眠在了唐高宗李治的身边，以皇后的身份与李治合葬乾陵。

关于自己死后的功德碑文，女皇也有交代：只立碑，不刻字。

也许，在人生的最后一段时光里，女皇总结了自己这一生：若论功绩，她在执政岁月里，延续了唐太宗创下的繁华盛景，让朝堂上充盈着贤能之才，这些功德，任何文字都无法描述；若论罪孽，她曾任用酷吏，诛杀李唐宗室，还曾宠幸男宠，险些祸乱朝政。还有，他的儿子们，每一个都遭受过她的软禁，最终活下来的，只剩李显和李旦两个人。这些也许还不算什么，最让世人无法接受的，是她从李氏手中夺取了江山，以女性身份登上了九五至尊之位，如果这也算罪孽，又该用怎样的文字来描述？

功过是非，就交由后人去评说吧。女皇武曌用空荡荡的功德碑，捍卫着自己的尊严，也彰显着自己的骄傲，同时，也默默地隐藏了自己所有的无奈。

第四章

盛世·东方世界的"扛把子"

"东施效颦"：韦皇后的皇帝梦

　　直到重新坐上皇位的那一刻，唐中宗李显依然觉得一切好像一场梦。他不禁回想自己的前半生：从皇子到皇太子，再到成为皇帝，本以为人生就此走向巅峰，不料还不到两个月，又从皇帝被废黜为庐陵王，之后莫名其妙又成为太子，最终重新坐上龙椅，真的印证了那句老话："三起三落才是人生。"

　　如果将命运形容为过山车，想必没人能比李显的体会更深。在人生的"抛物线"上行走，李显最庆幸的是，这一路始终有一个人不离不弃相随在侧。那个人就是他的妻子韦氏，如今的韦皇后。

　　当年在房陵被幽禁期间，是韦皇后陪伴李显度过了生命中最艰难困苦的岁月。共患难的夫妻，感情自然比寻常夫妻更加深厚。

那段岁月里，李显每一天都在惴惴不安中度过。只要听说女皇派使者前来，李显就会惊慌失措地想要自我了断。是韦氏一次又一次地制止了他，还告诉他："人生的祸福不是一成不变的，最坏的结果不过就是一死，别急，再等等看。"

韦氏的话让李显找回了活下去的勇气，于是，他私下里对韦氏发誓："如果有一天我能重见天日，一定会让你随心所欲，不加任何限制。"

登基之后，李显立刻兑现了自己的诺言，不仅封韦氏为皇后，就连韦氏死去的父亲都被追封为太师、益州都督，还加封上洛王。从这一点上可以看出，李显是个好男人、好丈夫，可惜却不是一个好皇帝。好在，他还有一个优点，那就是能意识到自己的平庸。

与韦氏相伴多年，李显发现她是个不一般的女人。她聪明，能忍耐，有谋略，甚至还有些政治头脑，更重要的是，她从没有做过伤害李显的事情。这让韦氏成为李显唯一信任的人，就连在朝堂之上，李显都为韦氏留有一席之地。

当朝臣们看到韦氏隔着帘子坐在李显身后，这一幕不禁让他们回想起唐高宗与武皇后"二圣临朝"的场景。这熟悉的画面，让朝臣们对韦氏心生忌惮。他们知道，权力可以喂养出野心，尤其看到李显对韦氏言听计从的样子，他们越发担心韦氏会变成第二个君临天下的女人。

朝臣们的担心有些多余，虽然韦氏认为自己与女皇武曌的才能不相上下，但事实证明，她连武曌的一根小指头也比不上。

当年，女皇不计前嫌，任用仇家的后代上官婉儿做自己的贴身秘书，成功把上官婉儿培养成了一名出色的女政治家。朝中的派系纷争从没有波及上官婉儿，相反，她凭借自己的政治手腕，与每个派系都保持着良好的关系。

很快，上官婉儿就成了韦皇后的政治盟友。在韦皇后的安排下，上官婉儿成为正二品昭容，在后宫拥有了一席之地。

成为后宫嫔妃的上官婉儿，主要任务并不是服侍皇帝李显，而是协助韦皇后起草和发布诏令，以及为韦皇后穿针引线，拉拢政治同盟。从上官婉儿那里，韦皇后听到许多当年女皇武曌的事迹，政治野心日益膨胀。

聪明的上官婉儿屡次劝说韦皇后效仿女皇武曌行事。在她的怂恿下，韦皇后真的开始做起了皇帝梦。

为了扩充韦皇后的政治实力，上官婉儿把自己的情人——梁王武三思推荐给韦皇后。武三思不仅拥有自己的护卫队，也是武氏集团的代表人物之一，他的支持，对韦皇后进一步提升自己的身份至关重要。

很快，韦皇后与武三思就勾搭成奸。李显并非不知情，却毫不在意，不仅经常与武三思商议政事，就连韦皇后与武三思在床榻上玩下棋游戏的时候，李显也乐呵呵地在一边替两人数筹码。

大臣们屡次谏议李显除掉武氏集团，可每一次都在李显那里碰上软钉子。反而是武三思抢先一步，建议李显把当初拥护他登基的五位功臣明升暗降，再逐一贬黜，成功将政治异己排除。

大权在握的武三思，更加让韦皇后看到了自己称帝的可能。她终于不再"端着"，逐渐暴露出自己贪婪的本性。

女儿安乐公主成了韦皇后敛财的帮凶。她们联合起来卖官鬻爵，再将卖官得来的钱肆意挥霍。安乐公主出生在李显被贬房陵的路上，出生时连裹身的小被子都没有，只能裹着父亲的外衣，一路颠簸到房陵。

也许是因为自幼受了太多苦，成为公主之后，安乐公主变本加厉地沉迷于奢华，并且，在母亲的影响下，也开始滋生对权力的欲望。

就在韦皇后做着皇帝梦的同时，安乐公主也在做着"皇太女"梦。她想撺掇父亲废掉太子李重俊，在这件事上，韦皇后与女儿站在同一阵线，毕竟李重俊不是韦皇后所生，除掉李重俊，就等于除掉了韦皇后称帝之路上的最大一块绊脚石。

时刻被两双眼睛虎视眈眈地盯着的李重俊有些慌了，他打算先下手为强，发起一轮武力政变。

这场政变堪称一出闹剧，太子李重俊带着区区三百个禁军，在完全没有事先规划的情况下杀到了武三思府邸。他们的确杀了对手一个措手不及，武三思还来不及反应，小命就归西了。接下来，李重俊又率领这三百名禁军杀向皇宫，可惜，宫中已经提前得知了武三思被杀的消息，早有防范。

　　看到李显的那一刻，没出息的李重俊竟然吓得跪地不起。看到李重俊的尿样，跟随他的三百禁军纷纷倒戈，最终，李重俊带着几名亲兵出逃，却在半路上被自己的亲兵所杀。

　　这样一场来得快去得也快的政变闹剧，反而成全了韦皇后。武氏集团在失去了武三思这个领头人之后，全部投靠了韦皇后。在权势的包围之下，韦皇后越发飘飘然。她忽然觉得，称帝这件事，似乎再也不是梦了。

　　她总是拿自己与女皇武曌作比，但她从未想过，两人除了都是女性，都有政治野心之外，她与武曌再无可比之处。

　　权力的欲望像一把烈火，烧掉了韦皇后最后一点人性。她觉得，只要杀死自己的丈夫，她的称帝之路就再无障碍。可怜的唐中宗李显还不知道，自己的性命即将结束在两个他最爱的女人手里。

唐隆政变：政坛新手闪亮登场

　　景龙四年（710），唐中宗李显暴毙。直到咽气的那一刻，李显都没有想通，为什么自己用尽全力去爱的两个女人，会成为毒害自己的凶手。

　　李显暴毙，一时间，长安城中人人都在盛传是韦皇后与安乐公主联手毒死了皇帝。沉浸在皇帝梦中的韦皇后不在乎任何传言，因为此时禁军与尚书省的关键岗位早已被她替换成了自己人。不过，韦皇后很快就发觉，李显的骤然离世，给她留下了一个不好收拾的烂摊子。

　　前任太子李重俊发动政变被杀后，李显还没有来得及立新太子，就中毒身亡。当韦皇后从狂喜中冷静下来，她终于意识到，李显的死，让她干预朝政的行为变得不再名正言顺。

于是，韦皇后此前只得先将皇帝驾崩的消息按住，对外只宣称皇帝重病，再假借李显的名义，立年仅十六岁的李重茂为太子。

李重茂的母亲是身份低微的宫人，让他做皇帝，韦氏就能以太后的身份临朝称制，继续把持朝政。

从李显暴毙，再到李重茂登基，改元唐隆，前后只用了十几天。不得不说，韦氏的办事效率实在神速。与此同时，早已归为韦氏一党的宰相宗楚客，伙同太常卿武延秀、司农卿赵履温、国子祭酒叶静能以及韦家诸人，一同劝说韦氏效仿武曌，登基称帝。

他们的计划很简单——杀死小皇帝李重茂。不过在这之前，必须先除掉相王李旦和太平公主，这样接下来的计划才能顺利进行。他们没有想到，就是这个计划，让他们招惹了一个极度不好惹的人。

这个人就是李隆基，相王李旦的第三个儿子。

李显登基时，李隆基本以为皇位从此与他们这一支李氏子孙再没有任何关系，然而，随着韦氏乱政，政治敏锐度极高的李隆基忽然嗅到了一丝机会。

李隆基是在动荡的政局中成长起来的皇室子孙。他出生时，父亲李旦还是皇帝；五岁那一年，李旦被女皇废除帝位，改封为皇嗣；他七岁那一年，李隆基原本已经出阁建置官署，短短几个月后，就因为大臣私自拜见李旦，被女皇勒令再次入阁，在宫中度过了近十年的幽禁岁月；十五岁那一年，李隆基目睹了"神龙政变"的全过程，直到李显登基，李隆基才得以再次出阁。

皇室的腥风血雨，催化了李隆基的政治天赋。多年幽居岁月，让李隆基明白，身为皇室宗亲，并不代表身份的尊贵，反而会引来无数凶险，只有让自己强大起来，才能改变命运。

因此，出阁之后的李隆基，暗中结交贤才与勇士，到李显驾崩时，李隆基已经在皇帝亲军中培养出了属于自己的势力。

兵部尚书崔日用得知韦氏一党打算暗杀李旦与太平公主，连夜将计划告知了李隆基。李隆基不是坐以待毙的性格，立刻去找姑姑太平公主商量，当场就定好了诛杀韦氏的计划以及分工。

太平公主找来负责皇宫警卫工作的薛崇简，交给他的任务是在政变时打开宫门；再找来负责宫廷维修工作的钟绍京，他的任务是从御花园起事，与李隆基里应外合。

李隆基知道，政变要成功，必须得到羽林军的支持。于是，说服羽林军将领陈玄礼的重任就落在了他的头上。

其实这个任务不难完成，陈玄礼早就看韦氏一党不顺眼，双方一拍即合，政变战役随时可以打响。

起事之前，有人建议李隆基将此事告知李旦，李隆基却说："没这个必要。事成之后，皇位就是相王的，如果失败了，我一个人承担罪责，不要连累相王。"

作为一名目睹过宫廷政变的皇室子孙，李隆基大义凛然地踏上了自己的政变之路。唐隆元年六月二十日（710 年 7 月 21 日）申时，李隆基换上一身便装，带着刘幽求等人进入禁苑，与钟绍京集合。

关键时刻，钟绍京竟然后悔了，自己躲在屋里，把李隆基一行人晾在了外面。多亏他的妻子许氏及时发话，让钟绍京认清了现实。许氏说："整件事的谋划你都参与了，事到临头你却退缩，现在即使你不参与，一旦他们失败，你以为你逃脱得了干系吗？"

听了许氏的一番话，钟绍京如同醍醐灌顶，赶忙冲出门去迎接李隆基。李隆基此时表现出成大事者应有的风度，假装什么事情都没有发生，拉着钟绍京的手坐下商量接下来的行动。

按照事先部署，羽林军已经在玄武门驻扎，只等李隆基发出信号就行动。到了晚上二更左右，夜空突然出现流星雨，刘幽求兴奋地说："这是天意啊，我们应该趁着吉时立刻起兵。"

于是，李隆基亲临玄武门，发出了起兵的信号，羽林军将士接到指令，即刻行动。葛福顺冲锋在前，杀死守卫玄德门的兵将，攻入宫中，钟绍京率领着手下二百多名工匠，提着刀子、斧子、锯子紧随其后。

李隆基本人负责在玄武门外镇守。那一刻，皇宫大内喊杀声震天，各个角落都充斥着刀光剑影。此时，韦皇后正在太极殿为李显守灵，她没有想到，负责守卫灵枢的南衙卫兵早就被李隆基收买，外面一有动静，这些卫兵立刻披挂整齐，加入李隆基的阵营。

韦皇后慌乱之中逃入飞骑营寻求保护，刚一进门，一名飞骑兵手起刀落，砍下了韦皇后的头颅。

厮杀声持续了一个时辰，到了三更时分，凌烟阁传来鼓声——这是大事已成的信号，李隆基听到鼓声，率领军队进入皇宫。负责守卫皇宫的禁军一见到李隆基，立刻掉头倒戈，将安乐公主、武延秀、上官婉儿、宗楚客等人诛杀。

历史上将这场成功的政变称为"唐隆政变"，可怜的小皇帝李重茂，成了这场皇权争夺战的牺牲品，登基还不到一个月，就被太平公主揪着领子丢下了龙椅，相王李旦再次成为皇帝，即为唐睿宗。

作为唐隆政变的发起者和最大功臣，李隆基顺理成章被封为太子。然而，因为太平公主的存在，他的太子之位坐得并不安稳。

重新当上皇帝的李旦，俨然把李隆基和太平公主当成了自己的左膀右臂，但凡涉及政务之事，总要与太平公主和太子商量过才能执行。

正是李旦的倚重，让太平公主与李隆基这对曾经的盟友渐渐走向了对立面。太平公主俨然一副大唐女主人的姿态，权势达到了顶点，也对李隆基造成了威胁。

太平公主常常以姑姑的身份压制李隆基，拜在她门下的官员也越来越多，几乎形成了一个政治小团体。李隆基也不甘示弱，利用太子的身份招揽人才，与太平公主明争暗斗。

终于，太平公主起了换太子的念头，天天跑到李旦耳边吹风，甚至公开召集宰相，商讨更换太子。好在，皇帝李旦和宰相们都不愿大唐再发生动荡，始终不肯松口。

景云三年（712），天现彗星。在古人看来，彗星意味着不祥。太平公主以此作为诋毁李隆基的借口，对李旦说："天现彗星，预示着太子继位，皇兄要早做打算啊。"

没想到，李旦索性把皇位让给了李隆基，自己做起了太上皇。太平公主万万没想到，李旦用退位这一招，把她前进的道路彻底堵死，逼得太平公主只能为自己杀出一条血路。

她迅速联合支持自己的大臣和部分禁军，再走一次政变的老路。然而，已经坐上皇位的李隆基率先得到了情报，先发制人，在太平公主行动的前一天，全城搜捕乱贼。

眼见大事不妙，太平公主逃至城外避难。然而事已至此，李隆基知道不能再留后患，即便太上皇李旦出面，请求宽恕太平公主，李隆基还是下诏，赐太平公主一死。

至此，唐玄宗李隆基终于掌握了皇帝应有的权力，站在了政治舞台的中央。随后，他将开启一代盛世，也即将迎来自己毁誉参半的人生。

开元盛世：大唐王朝的巅峰

女皇武曌退位后，整个大唐经历了一段长达八年的政治动荡期，直到唐玄宗李隆基继位，他凭借胆量与魄力，逐渐稳固了皇权，大唐王朝才再一次有了点欣欣向荣的苗头，蓄势待发，准备攀上时代的巅峰。

李隆基天生就是做皇帝的料，不仅精通治国方略，且深知用人乃是治国根本，更善于发现人才，继位不久，就组建起一支强大的宰相团队，每一位宰相都堪称治国小能手。

可以说，这些轮番上任的宰相，是李隆基开创一代伟业的"神助攻"。每一位宰相在任时期，都充分发挥出自己的"独门绝技"，把大唐王朝推向了军事、政治、文化、经济的顶点。

先说宰相姚崇，在任时间：开元元年至开元四年（713—716）。独门绝技：敢提意见，敢排除异己，敢担责任。

李隆基继位后，将大唐原来的群相制度更改为主相制度，并且不顾某些大臣的激烈反对，把姚崇推到了主相位置。

上任之前，姚崇与皇帝李隆基进行了一场简短的谈判。谈判过程中，姚崇只提出一个条件，那就是如果李隆基能接受他提出的十条意见，就立刻走马上任，否则免谈。

这十条意见：

第一，施行仁政；第二，不再贪图边功；第三，严惩有不法行为的亲信；第四，不让宦官参政；第五，不收大臣公卿的礼物；第六，不任命皇家亲属出任公职；第七，礼貌对待大臣；第八，允许大臣们"批逆鳞"；第九，停止营造佛寺道观；第十，禁止外戚内宠专权。

姚崇的每一条意见，都提在大唐王朝的"痛点"上，显然是有备而来。李隆基敞开了自己本就豁达的胸襟，将所有意见全盘接收。

姚崇上任后，进行的第一个大动作，就是贬斥辅助李隆基发动政变的功臣。

张说曾与姚崇有旧怨，姚崇成为宰相后，张说担心姚崇打击报复，于是经常与岐王暗中交往。姚崇担心张说在岐王面前说些有的没的，让岐王生出一些不该有的想法，于是找了个由头把张说和岐王"暗通款曲"的事情告诉给李隆基，张说因此被贬到相州（今河南安阳）。

魏知古早年间因对姚崇略有轻慢，如今也遭到了姚崇的排挤，担任吏部尚书，到洛阳主持选官。姚崇的儿子趁机向魏知古谋求升官，魏知古背地里禀报给李隆基。李隆基于是故意试探姚崇，问道："你的儿子才能如何？"姚崇当然猜得出皇帝的弦外之音，答道："臣有两个儿子在洛阳任职，欲望很多，却不谨慎。当年臣有恩于魏知古，他们二人一定会趁机求他。"

李隆基一听，认定姚崇是个公正无私的人，而魏知古则是一个背地里搞小动作的小人，打算罢免魏知古。姚崇立刻出面求情，说一切都是自己儿子的错，如果罢免魏知古，天下人一定会认为皇帝偏私。

一番话说得明褒暗贬，李隆基最终还是将魏知古降职为工部尚书。同样，刘幽求和钟绍京也都因为姚崇的弹劾而遭到贬黜。

开元三年（715），山东出现蝗灾。古人认为这是上天对人的惩罚，就连宰相卢怀慎都认为应该到田间祈福消灾。姚崇却力排众议，并以北魏时官府不敢扑杀蝗虫，导致百姓出现人吃人的惨剧为例，训诫众人，提出要主动扑杀，并且愿意承担一切罪责。最终，李隆基同意扑杀蝗虫，避免了饿殍遍野的惨剧。

姚崇似乎是一位处理政务的天才，从政期间几乎没有遇到过难题，每件政务都能办得让皇帝十分满意。即使政务堆积如山，姚崇也只需要两三个时辰就能处理完毕，以至于姚崇在任期间，同为宰相的卢怀慎只能落得个"伴食宰相"的名号。

只可惜，在教育子女方面，姚崇实在有些失败。因为姚崇的儿子卷入贪腐事件，李隆基免去了姚崇所有官职，只给了一个开府仪同三司的虚衔，每五日上朝一次。但只要遇到重大政事，李隆基还是会专门询问姚崇的意见。

姚崇临终之前，举荐宋璟接替自己的职位。

宰相宋璟，在任期间：开元四年至开元八年（716—720）。独门绝技：一身正气，坚持原则。

宋璟的刚正不阿，堪比贞观年间的贤相魏徵。只要是他看不惯的事情，就要向皇帝谏言，把一切隐患扼杀在摇篮里。

李隆基喜欢犒赏有功将士，宋璟担心边将们因此好战，于是压低了对边将的奖赏，以此遏制边将们想要通过战争获取奖赏和权力的野心。

早在景云二年（711年），节度使成为正式官职，宋璟就看出了其中的隐患，提议对节度使的权柄加以节制。可惜，这一提议并没有被贯彻到底，后来的安史之乱足以证明宋璟对危机的预见能力。

在宋璟看来，那些身居高位的庸才，是阻碍大唐发展的最大拖累。比如靠父亲军功上位的姜皎、姜晦兄弟，一个是太常卿，一个是吏部侍郎，却才能低下，根本配不上自己的官职。在宋璟的谏议下，姜皎、姜晦兄弟被李隆基罢免。

坚持原则的宋璟，就连皇帝亲戚的请求都敢驳回。李隆基的小舅子王守一，请求把父亲坟墓的封土增高到五丈二尺，比应有的规制高了三寸，在宋璟的谏议下遭到驳回；李隆基的哥哥李成器，替一名打扫祭庙的清洁工谋求一个小官，也在宋璟的谏议下被驳回。

宋璟罢相之后，与姚崇一样保留开府仪同三司的资格。接替他的人，是张说。

宰相张说，在任期间：开元九年至开元十四年（721—726）。独门绝技：政治才能、军事才能、文学才能。

张说在担任宰相之前，刚刚平定了党项人的叛乱。凭借着出色的军事才能，张说一上任，就大胆提出了"裁军二十万"的建议。他认为，兵在精而不在多。让被裁撤的士兵回家种地，还有助于提升国家税收。

这一建议得到了李隆基的采纳。两年后，张说又提议效仿唐太宗李世民，建立文学馆，也得到了李隆基的批准。文学馆的建立为朝廷网罗了大量人才。

开元十二年（724），张说向李隆基提议封禅泰山。于是，第二年年底，李隆基率领文武百官前往泰山封禅。

封禅归来后，只有一部分陪同前往的官员得以升官，另一部分没有升官的人，纷纷把矛头指向了张说。尤其是御史中丞兼户部侍郎宇文融、御史大夫崔隐甫、御史中丞李林甫，这三人结成小团体，对张说展开了漫长而又执着的弹劾攻击。

最终，张说因弹劾被罢免宰相之位，张九龄则逐渐走上了政治舞台的中心。

宰相张九龄，在任期间：开元二十一年至开元二十五年（733—737）。独门绝技：不畏权贵，写诗达人。

都说张九龄有张说遗风，可惜却生不逢时，他上任宰相时，擅长阿谀奉承的李林甫也进入了宰相班子。

起初，李林甫还可以在张九龄面前俯首帖耳，但心里一直计算着小九九。他知道张九龄看不起自己，也知道张九龄在皇帝心中的位置非常重要。同时，他也找到了皇帝身上的弱点：年过五十的李隆基，开始沉迷于享受。

张九龄早就看出安禄山有造反的野心，主张杀掉安禄山，可惜李隆基没有采纳。这也是李隆基第一次没有采纳张九龄的建议，狡猾的李林甫就是凭借这件事，猜测出李隆基对张九龄已经心生反感。

经过反复暗戳戳的试探，李林甫印证了自己的猜测。

李隆基想要在春耕时节从洛阳返回长安，张九龄担心大队人马踩坏秧苗，出言反对；李隆基想升朔方节度使牛仙客为尚书，张九龄认为牛仙客只是做到了自己的分内之事，再次反对。

张九龄每反对一次李隆基的提议，李林甫就暗地里帮李隆基想馊主意，实现李隆基的想法。如此一来，张九龄渐渐失去李隆基的信任，而李林甫也因为有了皇帝的撑腰而越发嚣张。

为了大唐，张九龄试图与李林甫和解。因此，他去拜访中书侍郎严挺之，希望严挺之能进入宰相班子，并从中调停他和李林甫之间的矛盾。然而，这次私下拜访，被李林甫密报给李隆基，于是，张九龄因为"结党营私"被罢相。

姚崇、宋璟、张说、张九龄是唐朝开元年间最重要的四位宰相，他们护送着大唐一步步攀上繁荣的顶点，凭借卓越的才能，协助李隆基共同缔造了"开元盛世"。然而，月满则亏，水满则溢，当一个王朝走上巅峰却从此放弃努力，迎接它的，必将是直通深渊的下坡路。

乱伦之恋：一段凄美的爱情故事

　　李隆基年轻时是个长相帅气、风度翩翩的男子，光是靠颜值和家世，就足以迷倒万千少女，更何况他还是个文艺青年：会写诗、会作曲，还会乐器，尤其是打得一手好羯鼓。如果出生在现代，李隆基说不定能成为一个浑身充满艺术气息的摇滚青年。

　　亲手打造了开元盛世的李隆基，此时已经变成了一个"帅大叔"。也许是觉得自己前半生太辛苦，也许是觉得已经拥有的成就足够成为后半生"躺平"的资本，李隆基变得不再勤政，而是耽于享乐。

　　李隆基是个浪漫而又多情的皇帝，爱过很多女子，宠过很多嫔妃，而二十年来一直恩宠不断的，就是为李隆基生下了四子三女的武惠妃。

开元二十五年（737），武惠妃薨逝，年仅四十岁。李隆基失去了最宠爱的妃子，终日郁郁寡欢，虽然后宫中不缺美女，但她们都给不了李隆基想要的爱情。

李隆基想要的是一个与武惠妃相似的女人，不光要有绝美的姿色，还要知书达理、通晓音律，最重要的，是能懂他的心。

杨玉环的出现，让李隆基相信自己又找到了爱情。杨玉环出身官宦人家，姿容俏丽，体态丰盈，举手投足之间都颇有武惠妃的风韵。李隆基对杨玉环一见倾心，可是短暂的狂喜过后，李隆基再一次郁闷了。因为此时杨玉环的身份，是寿王李瑁的王妃，也就是李隆基的儿媳。

霸占儿子的媳妇，怎么听都有些败坏人伦。被爱情冲昏了头脑的李隆基执意要把杨玉环收入后宫，为了避免世人非议，他找到了一个冠冕堂皇的方式——把杨玉环送入道观，改换身份，成为出家的女冠，再找时机把她接回宫。

开元二十八年（740）正月初二，是李隆基母亲的忌日。借着这个机会，李隆基颁布了一道冠冕堂皇的诏书。诏书中说：杨玉环信奉道教，且极重孝道，为了给已故的窦太后祈福，杨玉环自愿舍弃世俗身份，出家成为女冠。

为了补偿寿王，李隆基还把韦昭训的女儿册立为新的寿王妃。走完一整个过场之后，李隆基迫不及待地把杨玉环接回后宫，开始了"从此君王不早朝"的快乐人生。

杨玉环的芙蓉暖帐里，日日温情不断。李隆基的确是个完美的情人，愿意为自己心爱的女人用尽心思。他挑选了近千名宫娥，日夜不断赶制新衣，就是为了杨玉环每天都有新衣服穿。他知道杨玉环爱吃荔枝，就下令开辟从岭南到长安的几千里贡道，日夜快马加鞭，用最快的速度，把最新鲜的荔枝送到杨玉环嘴边。

就连杨玉环的家人也受到李隆基的眷顾，尤其是杨玉环的堂兄杨国忠，从一个市井无赖摇身一变成为宰相。李隆基还把国事全部交给杨国忠处理，自己则一头扎进了杨玉环的温柔乡。

杨玉环与李隆基，成了一对令世人称羡的眷侣。他们整天形影不离，相处的时间越久，李隆基对杨玉环就爱得越深，因为杨玉环不只是绝世美女，还善解人意。

寒冬腊月，杨玉环拿着两根房檐上结的冰条，说这是"冰筷子"，逗得李隆基哈哈大笑；李隆基与亲王下棋，眼看就要输棋，在一旁观战的杨玉怀把怀里的小狗扔到棋盘上，打乱了棋局，化解了李隆基即将输棋的尴尬，被李隆基称赞为"解语花"。

杨玉环舞技出众，尤其擅长跳胡旋舞，舞起来仿佛天女下凡。她还擅长击磬，能击打出与众不同的音色。这样的杨玉环，让李隆基爱不释手。他们不只是皇帝与嫔妃的关系，是爱人，更是知己。

他们在一起总有说不完的话，又同样醉心于音律。每当杨玉环伴着《霓裳羽衣曲》翩翩起舞，李隆基都为那舞姿深深感到惊艳，难怪他要旁若无人地说出要和杨玉环做"被底鸳鸯"这种让人脸红的话。

都说撒娇女人最好命，杨玉环就是这种懂得适当撒娇的女人。她总有各种各样的小要求，除了动不动要吃新鲜的荔枝，还要泡温泉，要不就是缠着李隆基出去玩。这样的小要求实在太好满足，每实现一个小愿望，杨玉环那欢欣雀跃的小模样，也能恰到好处地满足了李隆基身为皇帝的虚荣心。

在李隆基心目中，得到杨玉环，就仿佛得到了一件世间罕有的宝贝。可是，即使怀抱着"宝贝"，多情的李隆基偶尔也想出去偷一偷腥，感受一下与不同女人相处的滋味。

只要李隆基看望别的嫔妃，杨玉怀都要因为嫉妒哭闹一番。起初，李隆基还因为杨玉环对自己的在意而沾沾自喜，但久而久之，也会有些烦。

一次，杨玉环因为吃醋，对李隆基耍起了小性子，像民间小媳妇一样，一气之下跑回了娘家。杨玉环自幼父母双亡，从小在三叔家里长大，说是回娘家，其实也只能回堂兄家。

原本李隆基也在因为杨玉环的嫉妒而生气，杨玉环回娘家后，李隆基的气一下子消了一大半，甚至还有些后悔，感觉心里空落落的。

好在高力士机灵，赶紧为李隆基找台阶。他说："贵妃仓促出宫，她的堂兄家里一定没有准备，恐怕衣食不周，不如给贵妃送些衣服过去。"

高力士的一番话立刻得到李隆基的认可，于是，一百多车物品浩浩荡荡被推出宫门，送进杨玉环堂兄家里。除此之外，李隆基还花了一点小心思，把自己的御馔分出一半，让高力士亲自捧着，送到杨玉环面前。

高力士哪能不明白皇帝的意思，赶紧再给李隆基找台阶。他说："贵妃已经在家闭门思过一日了，应该已经知错了，不如还是把贵妃接回宫吧。"

杨玉环一回到皇宫，第一时间跑去给李隆基跪地认错。李隆基哪舍得看她下跪，一把拉进怀里，心疼地哄了半天。

四年后，杨玉环又因为吃醋被李隆基送回了娘家，这一次把杨玉环吓得够呛。不过李隆基的气来得快，消得也快，下面人稍稍一劝，李隆基就心软了，像上次一样，又派宦官送去了一半御馔。

这是一种浪漫的举动，我的食物分你一半，就是同甘共苦的意思。

杨玉环一见到宦官，哭得梨花带雨，不过，在玩浪漫这方面，杨玉环从不甘落后。她剪下自己的一缕头发，交给宦官，跟李隆基玩起了欲擒故纵的小情趣。她让宦官替自己给皇帝传个话："臣妾有罪当死，陛下却留我一命，如今我的一切都是陛下赏赐的，唯有头发是父母所赐，只有这个能用来回报陛下的恩情。"

古代以头发相赠，还有"诀别"的意思。杨玉环自然知道李隆基舍不得与自己诀别，这样一个小举动，轻而易举勾起了李隆基的柔情。接到这一缕头发，李隆基立刻派出高力士接杨玉环回宫。

经此一事，李隆基与杨玉环都意识到彼此在自己心里的分量，恩爱更胜往常。只不过，此时的大唐，小人当道，奸臣弄权，不理朝政的李隆基整天忙着与杨玉环谈情说爱，整个王朝已经从内里开始慢慢腐坏，徒有华丽的外壳。

他们浑然不觉，危机已经悄悄逼近。一段炽烈的不伦之恋，即将变成血染的惨剧。

内乱：一群能人埋下的"雷"

从发动政变到大唐重返盛世，当然不是李隆基一个人的功劳。他的身边一直不乏能人支持，比如早期的姚崇和宋璟，后期的韩休。

人们总是认为唐朝之所以从巅峰跌落到谷底，是因为李隆基晚年沉湎于声色，倦怠国政。其实，围绕在李隆基身边的那群能人并不无辜，他们的许多决策，都是为日后的内乱埋下的"雷"。

开元年间之所以能呈现盛世景象，宰相姚崇和宋璟功不可没。他们虽然性格迥异，却能同心合力，一切为了国家着想。正因如此，李隆基为宰相赋予特权，朝中大多数政务都可以由宰相做主。

这就意味着唐朝最初的"群相制"改成了宰相专任制，没有了三省六部的权力制衡，减少了宰相数量，扩大权限。朝廷的大事小情，都可以由宰相拍板做主，这样的确提高了办事效率，遇到问题也比较容易追责。如果当政的宰相是贤能的臣子，自然可以开创盛世，但是，一旦一家独大的宰相是奸佞小人，大唐王朝就注定危机重重。

随着姚崇和宋璟相继被罢相，张说重归相位。他的执政风格与姚崇和宋璟截然不同，上任后不久，张说就建议朝廷设立丽正书院，请来一大批知名文人著书立说、歌颂君王、称赞盛世、粉饰太平。

张说受到重用，在一定程度上可以说明，李隆基已经逐渐变得好大喜功了。

在张说的建议下，李隆基将宰相集权制度变成了惯例宰相减少到两人，有主有辅，彼此牵制，后来的每一位宰相，都会成为对国家大事有决定权的人物，但这一制度也造就了李林甫、杨国忠这样两个祸乱朝堂的人物。

李林甫刚当上宰相时，也是小有成就的。由他负责修订的《唐六典》，是唐朝最权威的法典之一，对后世的法制发展也有极大的影响。

作为一名修订法典的宰相，李林甫自然坚持依法治国。他上任的第一年，全国死刑犯只有五十八人，朝廷党争渐渐平息，国库日渐充盈，就连包藏祸心的安禄山都对李林甫有几分忌惮。

小人之所以被称为小人，是因为他们一旦取得了点成绩，就容易得意忘形。像李林甫这样的小人，一旦独揽朝政大权，接下来要做的，就是排除异己，阻塞言路。

李林甫当政期间，朝堂上没有任何人敢发出质疑的声音。因为无数的例子告诉这些官员，只要不和宰相站在同一阵营，结局就是个死。

比如曾经威震边疆的名将王忠嗣，是唐朝开国以来掌握兵权最大的将领。凭他的功勋，完全具备入朝为相的资格。可是，习惯了一家独大的李林甫怎么可能允许这样的事情发生？

借着李隆基想要夺取青海石堡城的机会，李林甫找到了排挤王忠嗣的办法。

王忠嗣为人稳重，他建议李隆基不要此时攻打石堡城，因为那里地势险固，吐蕃人一定拼死防御，应该厉兵秣马，等待良机再发兵。

贪图边功的李隆基显然不满意王忠嗣的建议，刚好另一个将领急于立功，主动请战。李隆基立刻任命那个人为主将，并命令王忠嗣派兵支援。

战争的结果是唐军大败，那名主将却把责任都推到了王忠嗣身上。李林甫见时机已到，便指使党羽诬陷王忠嗣与太子勾结篡位，李隆基一怒之下把王忠嗣投入死牢，但后来转念一想，太子不像是这样的人，又把王忠嗣放了出来，贬为汉阳太守。然而经过这样一番折腾，王忠嗣一年后就抑郁而终。

搞死王忠嗣，只是李林甫专权之路上的一个小目标，他还有一个更大的目标，那就是换太子。李林甫拥戴的太子人选，是寿王李瑁，也就是杨玉环的前夫。

李瑁的生母是最受李隆基宠爱的武惠妃，武惠妃是女皇武曌的侄孙女，完美继承了武曌的政治野心。她自己当不上皇后，就希望自己的儿子能成为下一任皇帝，于是暗中与李林甫结成了政治同盟。

李隆基原本打算立次子李瑛为太子，武惠妃为了给儿子的太子之位铺路，想出了一条毒计。她谎称宫里有贼，派人请李瑛、李瑶、李琚穿上甲胄，带上兵器入宫。三位皇子前脚踏进皇宫，武惠妃后脚就去向李隆基"举报"，说三位皇子全副武装进宫，意图谋反。

李隆基立刻找大臣们商量，掌握着话语权的李林甫却演起了戏，说这是皇帝的家务事，不应该由臣子过问，堵死了大臣们想要保护皇子的路。

于是，李隆基派兵逮捕了三位皇子，并将他们赐死，连妻族亲属也没有放过。然而，武惠妃在做尽了坏事之后突然暴毙，她的儿子李瑁又被父亲抢走了妻子，从此终日酗酒，变成了一个废人。

在高力士等人的推举下，李隆基将三子李亨立为太子。李林甫生怕李亨对自己不利，挖空心思打击李亨身边的拥护者，不断动摇李亨的太子地位。而李亨自己也终日笼罩在三个兄弟被父皇所杀的恐惧之下，正当壮年却头发斑白，平日里连宫女都不敢使唤，更不敢听歌赏舞，生怕被李林甫抓住什么把柄。

这样的父子关系，早已没有什么亲情可言。这也是在后来的安史之乱中，李亨舍弃父皇，在乱局中登基自保的原因。

李林甫埋下的最大的"雷"，是提议由胡人常任边疆各大军区长官。他认为，只有这些人掌握军权，才不会威胁他的宰相地位。于是，野心勃勃的安禄山借机登堂入室，成为李隆基身边的宠儿。

在李隆基面前，安禄山把拍马屁的本领发挥到了极致。他说，营州闹蝗灾时，他曾对天祷告，说如果自己心术不正，就让蝗虫吃光他的身体。刚祷告完，天边就飞来一群鸟，吃光了蝗虫。

李隆基最爱听这样的话，很快就任命安禄山兼任范阳节度使。他还曾指着安禄山硕大无比的肚子问："你这肚子里装的都是什么啊？"安禄山张口就来："别无他物，都是赤胆忠心。"

凭借着装傻卖萌，安禄山迅速取得了李隆基的信任，并只用了短短十几年，完全掌控了河北地区。

奸相专权的另外一个恶果，是国家制度的崩坏，导致腐败日益严重，加上人口增长，土地兼并严重，使得均田制无以为继，导致作为府兵的农民无地可种，还要承担沉重的兵役。到后来，为了逃避兵役而流亡他乡的农民数量，竟多达全国人口的十分之一。

　　取代了府兵制的募兵制，则导致了军费急剧增加，并且，大部分精兵强将都掌握在地方节度使手里。光是安禄山自己，就掌握着边防军的半数之多。

　　李林甫为了专权，还曾制造出一个"野无遗贤"的骗局，那一年的科举竟然无一人高中，著名大诗人杜甫也在落榜之列。科举之后，李林甫还兴冲冲地向李隆基道贺，说民间再也没有遗留的人才，这是多大的好事。

　　这样一个荒唐的骗局，李隆基竟然相信了。于是，无数寒门学子被阻挡在仕宦门外，有些人被逼无奈投靠到安禄山门下，成为安史之乱的主要谋士。

　　天宝八载（749），李隆基率领文武百官参观中央国库，这里金银珠宝堆积成山，面对自己统治下的"盛世江山"，李隆基洋洋自得。他并不知道，属于他的盛世已经走向尾声，眼前的繁华如同一个绚丽的泡泡，一戳就破。

第五章

衰落·把一手好牌打烂

安史之乱：沃土开出罂粟

安禄山本姓康，名字是轧荦山，在突厥语中是"斗战"的意思。他的生母阿史德氏是突厥族的一名巫师，因为安禄山父亲早逝，只有母亲一人带着他在突厥族里生活。后来，安禄山的母亲嫁给了右羽林大将军安波至的哥哥安延偃，安禄山便跟着继父改姓安。

开元二十四年（736），幽州节度使张守珪因为安禄山骁勇善战，命他率兵讨伐契丹。在这场战争中，安禄山因为贪功冒进，中了契丹人的埋伏，导致全军覆没。当时担任宰相的张九龄早就认定安禄山是奸诈之徒，想要借着这个机会处死安禄山。

如果是开元早年间的李隆基，也许会毫不心慈手软地除掉任何一个可能对大唐造成危机的隐患。可惜，此时的李隆基早已不是当年那个励精图治的皇帝，在难听的真话和好听的假话之间，他总是愿意选择相信后者。而张九龄偏偏是一个敢于说真话的人，他屡次直言进谏，让李隆基感到厌烦。谁能想到，身为一个皇帝，李隆基竟然在五十多岁的年纪就进入了昏聩期。

昏聩的皇帝不仅没有处死安禄山，还放他回去继续带兵。安禄山借着皇帝与宰相之间的矛盾保住了一条命。都说"大难不死，必有后福"，仿佛是为了印证这句话，短短几年间，安禄山的官位一路攀升，从平卢兵马使升至营州都督、平卢军使官衔。

其实，安禄山升官不是靠幸运，而是靠他的机灵聪慧，以及对往来官员的贿赂。得到好处的官员们轮番在李隆基耳边说安禄山的好话，虽然还未谋面，李隆基已经对安禄山充满了信任。

天宝元年（742），李隆基在平卢设置节度使，任命安禄山为代理御史中丞、平卢节度使。有了这个身份，安禄山就有了到朝堂上议事的资格。

天宝二年（743），安禄山第一次见到了李隆基。这是一次历史性的会面，这次会面之后，大唐的历史逐渐被改写。

在李隆基面前，安禄山俨然一副憨态可掬、胸无城府的模样，还动不动就在李隆基面前"瞎说实话"。一次，安禄山与李隆基在宫内遇见了太子李亨，李隆基让安禄山拜见太子，安禄山只拱了拱手，之后一脸懵懂地问李隆基："太子是个什么官儿？"

李隆基被安禄山傻乎乎的模样逗乐了，告诉他："太子就是在朕百年之后，接替朕坐上皇位的人。"安禄山忙不迭下跪，诚惶诚恐地说道："臣原来只知有天子，不知道有太子。"

这样一个连太子都不知道的"实在人"，第二年就被任命为范阳节度使。至此，掌握在安禄山手中的兵力近二十万，超过唐朝边防军总数的三分之一。

在安禄山的贿赂下，朝野上下几乎人人都在李隆基面前夸安禄山的好。李隆基将自己对这些朝臣的信赖一并转嫁到安禄山身上，对安禄山的好感日盛一日。

安禄山早就摸透了李隆基的喜好，只要能讨皇帝欢心，面子根本不重要。他拜了小自己十几岁的杨玉环为义母，经常送来大批奇珍异宝，作为"儿子"对"母亲"的孝敬。只要入朝，安禄山一定先来拜见杨玉环，之后才去拜见李隆基。李隆基问他为什么这样做，他说，胡人都是把母亲放在前头，把父亲放在后头。李隆基听到后不怒反喜，更加认定安禄山心无城府，还下令杨家兄弟姐妹与安禄山结为兄弟姐妹。

那时的安禄山，虽有造反的实力，却暂时没有造反的野心，或者说，没有造反的必要。整个朝堂都是他的人，皇帝和贵妃真的把他当儿子一样宠爱，宰相李林甫为了巴结皇帝，自然也不会说安禄山的坏话。

如果一切都能保持现状，也许安禄山会一直沉浸在舒服自在的小日子里，享受着高官厚禄与皇帝的恩宠。然而，李林甫死后，杨玉环的堂兄杨国忠接替了宰相之位，一切都发生了改变。

李林甫在宰相位子上坐了十九年，作为李隆基一朝任职时间最长的宰相，李林甫自然有他的长处。他的确口蜜腹剑，喜欢专权，排除异己，但是，对待朝政问题，他却从不马虎。而市井无赖出身的杨国忠，除了不择手段打击敌对势力之外，在政务方面堪称一窍不通。

李林甫生前就被杨国忠视为前进路上最大的障碍，李林甫死后，杨国忠终于可以大展拳脚，他第一个要打击的，就是从不把他放在眼里的安禄山。

在杨国忠的指使下，大臣吉温揭发李林甫生前曾与安禄山勾结，图谋不轨。可是凭李隆基对安禄山和李林甫的信任，怎么可能相信这种话？李隆基只是摆了摆手，让吉温拿出有力的证据再说。

这给了杨国忠充分的发挥空间，他通过制假造假的手段，把一大堆证据摆到了李隆基面前，终于让李隆基相信李林甫生前真的有造反的念头。经过这件事，杨国忠终于在朝中树立了权威，也让安禄山意识到了危险。

其实，杨国忠与安禄山之间并没有深仇大恨，在杨国忠与李林甫争夺权势的过程中，安禄山甚至还帮了杨国忠一把。只不过，对于杨国忠这种靠裙带关系上位的人，安禄山始终有些瞧不起。正是这一点瞧不起，让杨国忠对安禄山恨之入骨。

安禄山此时手握重兵，深受皇帝宠爱，无形中让杨国忠感受到巨大的压力。出于忌惮，杨国忠率先出手，多次在李隆基面前告安禄山有反叛之心，试图以此压制安禄山的势力。

杨国忠还拉拢陇右节度使哥舒翰，作为压制安禄山的同盟。可是无论他们如何诋毁，李隆基始终不肯相信像安禄山这么憨厚的人会有造反的念头。他把这件事当成朝堂上再常见不过的权力争夺战，试图两边安抚，不了了之。

当安禄山得知自己被告了黑状，立刻从范阳赶到长安。一见到李隆基，安禄山就把"委屈"两个字写在了脸上，搞得李隆基觉得自己有些亏欠安禄山，作为弥补，李隆基打算让安禄山进入宰相班子。

在杨国忠的极力阻挠下，安禄山没能成为宰相，却保住了皇帝对他的信任。

这一次来长安，安禄山的感受与以往每一次来长安都不一样。他在长安待了两个多月，几乎每一天都睡不踏实，生怕杨国忠会明里暗里加害于他。

狡猾的安禄山决定不再留在长安，他要尽快回到属于自己的地盘，部署一场大行动。李隆基浑然不觉安禄山的辞行有猫腻，还专程派高力士为安禄山饯行。

这是安禄山最后一次来到长安。回到范阳的第二年，安禄山派手下副将入朝，请求用三十二名蕃将替换汉将。兵部尚书韦见素立刻跳出来反对，他认为，用蕃将替换汉将，等于为安禄山这只老虎插上了翅膀。可李隆基坚信安禄山是不可能有异心的，因为自己已经给了安禄山太多，安禄山一定会感恩戴德的。

仿佛是为了戳破皇帝的天真幻想，杨国忠决定玩一把大的——逼安禄山造反，到时候不怕皇帝不相信自己才是真正的忠臣。

杨国忠先是派人除掉了安禄山在京城的耳目，又将安禄山的门客一一捕杀。远在范阳的安禄山得知后，一时还有些搞不清这是皇帝的意思还是杨国忠自己的行为，但生气是肯定。为了试探皇帝的态度，安禄山呈上了二十多条杨国忠的罪状，搞得李隆基左右为难。

李隆基还是把二人之间的争斗当成跷跷板游戏，一头高一些，就往下压一点，试图维持一个表面上的平衡。

见到李隆基没有处置杨国忠，安禄山怒了，他认定，皇帝已经不再信任自己，只一味偏袒杨国忠。一颗酝酿已久的狼子野心蓄势待发，一头养不熟的狼，开始掉头噬咬喂养自己的人。

经过一番精心筹划，安禄山在天宝十四载（755）从范阳起兵，开始了反叛的历程。为了让自己的造反行为看上去更加合理，他还打出了"奉密旨讨伐杨国忠"的旗号，搞得手下将士们热血沸腾，时刻准备冲向战场抛洒鲜血。

就在安禄山在范阳城门阅兵的时候，李隆基还沉浸在繁华安逸的梦境里。高力士曾经多次提醒李隆基，说安禄山早有造反之意，应该早做打算。可李隆基始终认定，有安禄山在，大唐的边境就是安全的。

直到安禄山起兵第七天，各地消息不断传来，叛军已经攻克博陵（今河北定州），李隆基才极度不情愿地相信，安禄山真的反了。

站在一旁的杨国忠，反而有些洋洋自得，安禄山造反这件事，终于被他说中了。与此同时，李隆基忙着部署全国力量平定叛贼，可惜，一切已经太晚了。

马嵬兵变：成就了一个会"哭"的男人

如果没有安史之乱的爆发，以及后来的"马嵬兵变"，也许太子李亨根本没有当上皇帝的可能。

要不是当年李隆基手下留情，李亨差一点都没能出生。

当时的李隆基刚刚被册立为太子，不久后纳杨氏为妃。杨氏怀孕时，正是李隆基与太平公主进行权力争夺战的关键时刻，为了不让太平公主用"沉湎女色"的借口打击自己，李隆基弄来了一些打胎药，打算把杨氏的孩子扼杀在母腹之中。

可是，李隆基思来想去，还是没有忍心下手，李亨这才能够来到这个世界上。

李亨既不是嫡子，也不是长子，按唐朝的继承制度来说，他与太子之位根本就没有缘分。然而，在武惠妃的陷害下，李隆基一天之内杀死了包括太子李瑛在内的三位皇子，太子之位就落在了李亨头上。

面对突如其来的皇位继承权，李亨根本不敢激动。他知道，自己能不能在太子之位上坐稳，全凭父皇的心情。

从被推上政治前台的那一刻起，李亨就被包围在政治威胁当中。宰相李林甫为了推自己支持的寿王李瑁上位，经常与李亨进行明争暗斗，而李隆基却从不出面制止李林甫对李亨的轮番打击，这说明李隆基也不希望太子势力扩张。

李林甫在位期间，是李亨人生最抑郁的一段日子。杨国忠上位后，李亨过了几年貌似平稳的日子。但实际上，杨国忠也把李亨当作死对头，李亨的日子依旧过得险象环生。

直到安史之乱爆发，李亨才终于找到了反击杨国忠的机会。

在安史之乱爆发前，大唐承平日久，武备废弛。安禄山的叛军在河北境内几乎没有遇到什么像样的抵抗，只用了不到一个月的时间就攻破洛阳城，直逼长安。

潼关是守护长安的最后一道防线，李隆基派出当年血战石堡城的名将哥舒翰挂帅出征。当时的哥舒翰已经身患重病，然而皇命在身，不得不从。

潼关是著名的天险，易守难攻，哥舒翰选择的战术是"坚守不出"，在前方拖住安禄山的主力军，便于其他唐军伺机攻打范阳，端了叛贼老巢。

可李隆基没有耐心和安禄山耗时间，只想速战速决。杨国忠趁机跳出来，说哥舒翰贻误战机，不听朝廷号令，李隆基一怒之下要求哥舒翰必须出潼关决战，尽快夺回洛阳。

哥舒翰手下的唐军都是新兵，没有见过真刀真枪真玩命的阵势，上战场就等于给敌军送人头。哥舒翰带着复杂的心情出兵应战，一番搏杀之后，二十万唐军只剩下八千人，主力尽损。

长安终于失去了最后一道屏障，李隆基只剩下"出逃"一条路可走。在杨国忠的提议下，李隆基决定趁着夜色，带着自己的嫔妃、皇子皇孙和少数近臣，在禁军的护卫下悄悄离开长安，逃往四川。

逃亡自然不像巡幸那么自在舒服。因为走得匆忙，一行人连充足的食物都来不及准备。走到半路，一向养尊处优的皇帝都不得不吃从当地农民家里讨来的食物，饭菜不够，底下的官员和禁军只能饿肚子。

战乱爆发后，管理沿途驿站的官员早已逃得不知所终。饥疲交加的一行人到了驿站，连口热水都喝不上。到了晚上，被褥不够，大家只能和衣而睡。

好不容易挨到马嵬驿，众人的怨气已经冲到了顶点，尤其是负责守卫皇帝的禁军，竟然再也不肯前进一步。

老臣陈玄礼意识到事情的严重性，一旦禁军哗变，后果不堪设想。不过，他没有把禁军的狂躁情绪告诉李隆基，而是告诉了太子李亨。

听到这个消息，李亨的心中还有点莫名的激动。这十几年来如履薄冰的憋屈人生，让李亨每一天都渴望有机会除掉权臣。没想到，如此难得的机会，竟然出现在逃亡的路上。

陈玄礼与李亨的这一场秘密谈话过后，杨国忠的一只脚已经踏上了黄泉路。

从李亨营中出来，陈玄礼来到群情激奋的禁军面前说道："如今国家动荡，诸位沦落到如今境地，都是奸相杨国忠之错。方才我已经请示了太子殿下，不过太子殿下不敢决断，诸位容我禀告圣上。"

一番话又在禁军的怒火上浇了一桶油，队伍中不知是谁大声喊了一句："杀死杨国忠，以谢天下。"

果然，只要有人带头，就会有人响应。一时间，"杀死国贼杨国忠"的讨伐声此起彼伏，陈玄礼终于有了与皇帝"谈判"的筹码。

还没等陈玄礼从皇帝营帐中出来，就有二十多名吐蕃使者拦住杨国忠的马，向他投诉没有吃的。杨国忠还没来得及回答，禁军们就大喊着："杨国忠与胡人谋反。"话音儿还没落，箭已经射了过来。

杨国忠的马鞍被射中，他仓皇逃跑，可是没跑多远，就被禁军们追上杀死，并肢解了他的身体，还把他的头砍下来，挂在矛上，插在马嵬驿西门示众。

杨国忠的儿子杨暄和杨玉环的姐姐韩国夫人、秦国夫人也在混乱中被杀死。群情激奋的禁军已经杀红了眼，有了一种"神挡杀神，佛挡杀佛"的架势。御史大夫魏方进想要出面阻止，也死在乱刀之下。

杀死这几个人，禁军还不解气，他们提出应该将杨玉环一并处死，否则坚决不肯护送皇上。

年迈的李隆基老泪纵横，陈玄礼看出皇帝的不舍，出言劝道："杨国忠谋反被诛，杨贵妃不应该再侍奉陛下，愿陛下能够割爱，把杨贵妃处死。"

眼看李隆基犹豫不决，京兆司录参军韦谔也上前劝说："现在形势危急，希望陛下赶快决断。"说完，韦谔磕头不止，磕得满脸是血。

李隆基试图做最后的挣扎，他说："贵妃久居深宫，从不与外人结交，怎么能知道杨国忠谋反呢？"

一直没有说话的高力士终于开口，说道："贵妃确实无罪，但将士们已经杀了杨国忠，而贵妃还在陛下左右侍奉，他们怎么能安心呢？他们如果不安心，陛下怎么能安全呢？"

这番话终于戳到了李隆基的痛点，在爱情与生存面前，李隆基虽迫于无奈，最终还是选择了后者。

当天晚上，杨玉环被勒死在佛堂内，禁军们看到她的尸首，怒火才终于平息，将领整顿军队，准备继续前进。

大队人马刚要启程，突然出现一群百姓，他们拦住了皇帝的去路。他们问："长安的宫阙是陛下的家，陵寝是陛下先祖的坟墓，陛下要抛弃家和坟墓到哪里去？我等誓死追随陛下，何不带我等杀回长安？"

面对百姓的询问，李隆基哑口无言。最终，他只能留下太子李亨来安抚百姓，带领百姓平叛。

做太子的这些年，李亨为了自保，给自己立了一个人设——孝顺。而孝顺的主要表现方式，就是哭。

父子分别之前，李亨表现出万般不舍的样子，哭得涕泗横流，一旁的将士和百姓都被李亨打动，更加认可这个孝顺的太子，并打定主意誓死追随。

直到李隆基走远，李亨还没有哭完，他朝着李隆基远去的方向大声哭号，身旁的人怎么劝都劝不住。

像《三国演义》里的刘备一样，哭，成了李亨的必杀技。也许正是他通过眼泪表现出的孝顺，使他成为民心所向。

李亨好不容易哭完，终于带队启程。一行人历尽艰难，抵达朔方重镇灵武。一到灵武，就有人劝说李亨登基。李亨的答复："使不得。"大臣们坚持不懈，持之以恒地劝说，一连劝了五次，李亨才终于"勉强"同意。

登上皇位的李亨，是为唐肃宗，他在灵武遥尊李隆基为太上皇，并改元"至德"，把孝顺的人设彻底立住。

至此，李亨终于不必再压抑自己的本性，简单的登基仪式结束后，他立刻投入工作，展现出精明强干的一面。他要挽救大唐的危局，把失去的土地夺回来。

"三足鼎立"：宦官也有春天

李亨真的像他表现得那么精明强干吗？并不是。李亨的性格里，懦弱占了大部分，他之所以能顺利称帝，有一支力量不可小觑，那就是宦官团队。

宦官李辅国是李亨的心腹，在马嵬驿时，是李辅国以国家大义劝说李亨留下抗敌，到了灵武，也是李辅国力劝李亨迅速称帝，以安民心。

李亨即位后，见李辅国衷心拥戴自己，便把他当作左膀右臂，并为他赐名"辅国"，将军政大权委托给他。自从李辅国掌握了军权，宦官团队就此从皇帝和大臣的手里分走了一杯羹，拿到了一份不小的权力。也是从这时开始，大唐最高权力被分成了三份，皇帝、权臣与宦官，形成了"三足鼎立"

的局势。

不过，在收复国土这样的大事上，宦官发挥不了太大作用，李亨还是要依靠谋臣的力量。他想到了自己的昔日好友李泌——一位归隐山林的修仙爱好者。

李泌七岁能文，被誉为神童，曾受到李隆基的亲切召见，当时的宰相张九龄十分欣赏李泌的才华，还尊称李泌为"小友"。

后来，李泌因为向往神仙不死之术，归隐山林。天宝十载（751），李隆基召李泌入朝讲《老子》，因为讲得好，李泌被任命为待诏翰林，供奉东宫。也是从那时开始，李泌与当时还是太子的李亨结下了深厚的友谊。

李泌曾经写诗讥讽杨国忠和安禄山等人，因此被杨国忠诬陷讽刺朝政。李泌在朝堂上待不下去，索性又去归隐山林。

李亨即位后，派人四处寻找李泌。李泌虽然对功名利禄毫无渴望，但为了帮好兄弟一把，决定再次出山。

有了李泌在身边，李亨终于有了能放心托付国政的人。无论大事小情，李亨都要征求李泌的意见。

眼下最重要的任务是如何收复两京失地，对此，李泌给出的策略是"把敌军当狗遛"。展开来说，就是李泌认为叛军已经把战线拉得太长，且叛军的战斗意志并不足，所以，先尽量减少与叛军的正面冲突，拖一拖他们的锐气，之后再分点打击，叛军去救"头"，我们就打"尾"；叛军去救"尾"，我们就再打"头"。如此一来，叛军往来奔袭，肯定疲于奔命，到时候就好对付了。

这个战术听上去既合理又实用，但是当李亨听说用这个战术收复两京需要两年的时间时，立刻就犹豫了。

在安史之乱中称帝的皇子不只李亨一个，永王李璘此刻也已经在江陵称帝。李亨为了让自己的皇帝头衔受到官方认可，想用最快的速度收复两京，以此证明自己的实力。

于是，李亨与回纥做了一笔交易，承诺在收复两京失地时，土地归大唐，财物归回纥。这笔交易帮助大唐从回纥借来了十五万大军，由广平王李豫和大将军郭子仪率领，借着安禄山被亲生儿子安庆绪杀害的机会，只用了几个月时间就夺回了洛阳与长安，叛军首领史思明随后投降。

然而，因为李亨不肯听从李泌的建议，只顾着收复两京，没有捣毁叛军的老巢范阳，错失了将叛军一举歼灭的良机，给了叛军喘息的机会。

既然两京已经收复，李泌主动提出离开权力的中心，回山中修道。李亨同意了，并且下诏赐李泌三品俸禄及隐士服，还为他在修道之处建造居室。

李泌的离开，让宦官李辅国有机会一步步靠近权力中心。

至德二载（757）十二月，李亨终于回到长安。李辅国加封开府仪同三司，封郕国公，并在李亨的委派下开设"察事厅子"，主要任务是监察官员活动。

同年，李隆基也回到了长安。李辅国深知，只有保住李亨的帝位，才能保住自己的权势。为此，他对李隆基步步紧逼，将李隆基身边的心腹统统流放，只留下几个老弱病残伺候太上皇，并且想方设法阻止大臣探望李隆基。

此时的李辅国手握大权，大臣的奏章都要先经过李辅国的手，然后才能呈送到李亨面前。只有经过李辅国同意，大臣才能见到皇帝，就连皇帝的诏书也要得到李辅国的签字才能执行。

有了权势，李辅国还想要地位。他企图做唐朝第一位宦官宰相，但没有得逞，于是便逼迫李亨任命自己的亲信元载担任宰相。

上元二年（761），李隆基在凄凉中离世，不久之后，李亨病重。张皇后为了拥立越王李系即位，迫不及待想要杀害太子李豫。她以李亨的名义把李豫骗进宫，并提前在长生殿内埋伏好二百名身强力壮的宦官。

李辅国得知这件事，立刻带着禁军阻拦李豫，确保李豫安全后，李辅国派禁军在长生殿内大开杀戒，却没有找到张皇后。

原来，张皇后躲进了李亨的寝宫，李辅国带着禁军赶到时，李亨已经奄奄一息。禁军从寝殿中强行带走了张皇后，李亨也在悲愤中追随先皇而去。

半个月之内，大唐先后死去了两位皇帝。在李辅国等人的拥立下，太子李豫顺利即位，是为唐代宗。

一手遮天的李辅国企图把李豫当作傀儡皇帝，让李豫安心住在皇宫里，所有政务都由李辅国一手处理。因为禁军掌握在李辅国手里，李豫暂时不敢提出反对意见，但已经开始在心里谋划除掉李辅国的计策。

在郭子仪、李光弼等大将的共同努力下，持续了八年的安史之乱终于平息。随后，李豫借助宦官程元振的力量，将李辅国刺杀，并将李辅国的头颅扔进了厕所里。

程元振因为诛杀李辅国有功，被封为骠骑大将军兼内侍监。李辅国虽死，但宦官的力量反而变得更大了。

宦官弄权的结果，就是功臣纷纷遭到打压。权势撑大了程元振的胆子，竟然私自拦下吐蕃来犯的消息，导致李豫被迫逃离长安，去往陕州。因为这件事，程元振犯了众怒，被李豫革职流放。然而，此时的大唐好像中了魔咒，弄权的宦官总也杀不尽。

李豫逃往陕州的路上，宦官鱼朝恩始终率领禁军守护在侧。因为护驾有功，鱼朝恩被任命为内侍监，加封国子监事、闲厩、光禄、鸿胪等职。可是，鱼朝恩并不满足，他还想要军权，甚至奢望成为三品官。

最终，宰相元载收买了鱼朝恩的心腹，才将挑衅皇权的鱼朝恩杀死。宦官的权势终于被压制，却并没有转移到皇帝李豫手中，而是被权臣元载中途"截和"了。

至此，李豫又展开了与权臣之间的夺权拉锯战，直到七年之后，李豫才终于从宦官和权臣手中夺回了属于自己的权力，任用贤臣，治理国家。

　　李豫的举措虽然　度让大唐重现政治清明之气象，但经历了连番动乱的大唐，颓势已经注定。

藩镇割据：丧钟敲响第一声

安史之乱是唐朝由盛转衰的转折点，长达七年多的战乱结束后，大唐生灵涂炭，百业凋零，再也不见当年繁荣昌盛的景象。

如果唐朝后来的皇帝们能好好复一下盘，就不难发现，安史之乱之所以会发生，最重要的原因就是各大藩镇拥有太多自主权，翅膀硬了想要飞，就连朝廷的制度也约束不了各藩镇那一颗颗不安分的心。

唐朝起初设立藩镇，用意是好的。唐睿宗李旦在位期间，设立了第一个藩镇——河西藩镇，负责镇守边疆，用来抵抗吐蕃王国的力量。

到了唐玄宗李隆基即位后，又在整个大唐范围内，将藩镇制度进行了推广，原因很简单：国家太大，皇帝一个人管不过来。

自从大唐建国，对外扩张的脚步就一直没有停止，国土范围一路扩展至西域咸海以及朝鲜半岛北部。这是一个值得每一位大唐皇帝为之骄傲的成绩，因为历史上从未有过疆域如此庞大的帝国。

国家领土越来越大，皇帝却只能有一个，如此一来就出现了一个问题，那就是皇帝没办法对每一处疆土都能进行充分管理。一旦管理不及时，矛盾就有可能发生，甚至还有发生叛乱的可能。于是，唐玄宗李隆基设立了节度使制度。

节度使制度原本是一项能够提升中央管理效率的制度，不仅有利于当地的行政管理，还能镇压当地叛乱，维系各民族百姓与汉人统治者之间的交流，最重要的，是能够镇守一方，抵御外敌。

从开元末年到天宝年间，李隆基共设置了十个节度使区，称为"藩镇"，意思就是为大唐王朝抵御外来侵略的屏障。

想要让藩镇实现抵御外敌的作用，军事力量必不可少。当时，十个藩镇的兵力加起来近五十万，尤其是位于东北方向的范阳，因为要抵御强悍的奚族和契丹，兵力超过九万人，位居各藩镇之首。

管理藩镇是个技术活，李隆基一方面利用高官厚禄笼络藩镇节度使，让他们死心塌地为大唐效力，守卫大唐边境安全，另一方面还要默许朝中高官对藩镇节度使进行打压，遏制他们拥兵自重的野心。

在安史之乱爆发之前，各藩镇还是忠心于皇帝的。然而，李隆基在年老的时候开始宠爱杨玉环，并把恩宠扩散到杨氏全族，甚至把毫无治国能力的杨国忠推到了宰相位置上，直接导致藩镇成为大唐的隐患。

杨国忠在任职期间不谋其政，只知道贪污受贿。范阳节度使安禄山来长安拜见皇帝的时候，也曾被杨国忠索取过巨额贿赂。

安禄山的拒绝与蔑视激怒了杨国忠，于是，杨国忠利用手中权力，在朝堂上反复说安禄山有谋反的野心。这种直白的打压手段堪称拙劣，最终的结果就是安禄山打着"诛杀国贼杨国忠"的旗号，真的起兵造反了。

安史之乱让大唐元气大伤，战火席卷了大唐王朝的半壁江山，曾经富庶的中原与关中地区在战争过后十室九空，一片凄凉。

唐肃宗李亨即位后，为了尽快平定叛乱，只能借助于其余藩镇的力量。他通过封官许愿的方式，把节度使制度不断扩展，中原各地刺史只要愿意带兵平叛，就可以被加封为节度使。如此一来，节度使的数量不降反增。

各个节度使对自己手下的军队具有高度的控制权，且各节度使之间没有从属关系，都是平级。在平定史思明叛乱期间，各节度使虽然合作对外，却谁也不服谁，导致军中竟然没有主帅，李亨只派出心腹宦官鱼朝恩从中协调。

节度使各自为政，让平定安史之乱的战线足足拉长了四年。本就一片狼藉的大唐，更加千疮百孔。

到了唐代宗李豫即位，安史之乱总算平定。可是，大唐天子手中并没有一支像样的军队。

而各藩镇军队因为常年生活在战争第一线，战斗力非凡。因此，朝廷在军事方面只能完全依赖藩镇军队。

皇帝自然能够意识到藩镇的潜在威胁，然而，朝廷不具备消灭或控制藩镇军事力量的能力。不是不想削藩，是根本做不到。

为了防止出现下一个安禄山和史思明，皇帝只能在防止某个藩镇一家独大方面下功夫。想要制约一个藩镇，就要册封更多的藩镇，通过权力制衡来对冲风险，这实在是没办法中的办法。

安史之乱后，朝廷将河北地区划分为成德镇、幽州（卢龙）镇、魏博镇，史称"河朔三镇"，除此之外又另设昭义镇。这项不得已而为之的举措，成了唐朝藩镇割据的开端。

其实，各藩镇内部也并不稳定，很多节度使不是被兄弟、儿子取代，就是被部下作乱接替。朝廷对此毫无干预能力，只能事后追认朝廷相对可以信任的节度使的合法身份。

在连年动乱中，皇权早已被削弱，藩镇根本不把朝廷放在眼里，各自设立文武官吏，不断扩充自己的实力，却不向朝廷缴纳赋税。

朝廷也曾试图采用逐个击破的方式来削藩，但到了执行计划的时候，才发现漏洞太多，不可控风险也不少。

大历十年（775），河朔三镇中实力最强的魏博节度使田承嗣，企图吞并邻近的一个藩镇。一旦田承嗣吞并成功，藩镇之间的混战就会开始。于是，唐代宗诏令附近八个藩镇组成联军，共同讨伐田承嗣。

在八镇联军的攻击下，田承嗣节节败退。然而，八个藩镇并非真的为朝廷效力，而是为各自的利益而来。田承嗣抓住这一点，成功说服了八镇节度使，让他们认识到，诸藩镇只有站在同一阵线，才能从朝廷获得更多利益。

最终，田承嗣实现了军事独立，朝廷的削藩大计初步宣告失败。

这次削藩失败让李豫明白了一个道理，那就是挑"软柿子"下手也不可能。凭朝廷的薄弱军力，连最弱小的藩镇都镇压不住，只能求助于更强大的藩镇力量。但结果呢？很可能是大藩镇吞并了小藩镇，朝廷还是一点便宜都占不到。

迫于无奈，皇帝只能在各藩镇之间"走钢丝"，维系着岌岌可危的平衡。这种局面艰难维持了一百多年，大唐最终还是不可避免地走向了灭亡。

西域：亲手喂大的"狼"

初唐时期，活跃在西域一带的少数民族有羌、突厥、吐蕃、吐谷浑、回纥、铁勒、葛逻禄、吐火罗等，有些民族对唐朝俯首称臣，而有些民族表面上看似臣服，其实心怀异志，甚至还有一些民族压根不畏惧天朝大国，处处与唐朝为敌。

从唐太宗贞观年间开始，唐朝发动了对西域的讨伐战争。西域诸国中第一个被消灭的，就是敢藐视天朝的高昌国。原本属于高昌国的地盘尽数归大唐所有，唐太宗李世民将其划为"西州"，并在那里设立了唐朝第一个驻西域行政机构——安西都护府。

同样是在贞观年间，大唐先后击败了西突厥、焉耆与龟兹，将安西都护府迁至龟兹，并设立了龟兹、疏勒、焉耆、于阗四镇，史称"安西四镇"。唐朝的驻军从此遍布西域各地，驻守着丝绸之路的交通要道。

大唐与西域之间的关系，并没有随着大唐的胜利而迎来大团圆结局。逐渐强悍起来的吐蕃，正虎视眈眈盯着大唐的国土。

虽然后来文成公主进藏和亲，为大唐与吐蕃换来了一段和平时光，但美好的时光总是短暂的，十几年后，唐太宗李世民与松赞干布相继离世，吐蕃又开始打起大唐西域的主意，唐蕃之间的战火被重新点燃。

唐高宗咸亨元年（670），由薛仁贵率领的唐朝主力军在大非川（今青海中部）惨遭大败，粮草、军械尽失。在吐蕃大军的围攻下，薛仁贵被迫退兵，大唐不得不放弃西进。

之后，吐蕃攻陷了西域十八州，又趁机占领了安西四镇，大唐不得不将安西都护府迁回西州。那段时间，吐蕃的战斗力远胜于大唐，大唐西域岌岌可危。

直到女皇武曌主政，终于给了吐蕃点颜色看看。武曌认为，如果不收回安西四镇，吐蕃在西域的气焰就会更加嚣张，说不定有一天就打到家门口了。

这份窝囊气，暴脾气的武曌可忍不了。长寿元年（692），武曌果断发兵西域，大破吐蕃，不仅把安西四镇抢了回来，还留下三万唐军驻守，把国门守得牢牢的。

除此之外，武曌还在庭州（今新疆吉木萨尔）设置了北庭都护府，与安西都护府南北相望，向整个世界宣告，这一片，都是我大唐的领土。

吐蕃虽然战败，却从未臣服于大唐。到了唐玄宗李隆基时期，唐朝的敌国变得更多了。除了吐蕃，还有大食（阿拉伯帝国）以及卷土重来的突厥。

天宝六载（747），唐朝名将高仙芝率军从吐蕃手里抢走了小勃律（位于今克什米尔地区西北部），四年后，高仙芝又率军攻打石国（位于今乌兹别克斯坦境内），不仅诛杀其首领，临走前还将石国男女老少杀戮无数，这一暴行，寒了西域各国的心。

于是，西域各国联合大食，与唐军在怛罗斯（位于今哈萨克斯坦境内）交战，唐军阵脚大乱，大败而归。

好在，唐朝并没有因为这场败仗伤了元气。两年后，唐朝军队继续西进，将大勃律国（位于今克什米尔地区）的土地收入囊中，再一次向世界宣告：西域归大唐所有。

可惜，威猛无比的大唐，还是没有逃过盛极转衰的历史轮回。安史之乱的爆发，彻底改变了大唐西域的局势。

唐肃宗李亨在灵武仓促登基后，急于收复长安与洛阳。然而，唐军主力早已在战乱中消耗殆尽，迫不得已，李亨求助于回纥。

回纥与大唐多年来一直保持着友好关系，大唐在强盛时期，除了在经济上支援回纥，还多次将宗室女下嫁给回纥可汗。李亨希望回纥能看在两国上百年的交情上，助大唐平定叛乱。

然而，交情归交情，利益归利益，回纥可汗显然比李亨活得现实。他同意帮忙，但不能白帮，出兵之前，他要看看大唐的诚意。

话说到这份上，李亨就算再不通人情世故，也应该听得出来，回纥是想趁机要好处。可是，烽烟之下的大唐，能给回纥的，只有一个承诺："收复两京之日，土地归大唐，金银财宝全部归回纥。"

这个诱惑足够大，回纥可汗果然心动了，即刻出兵帮助大唐收复了长安。站在长安城内，回纥太子表示即刻就要大唐兑现诺言。当时的大唐太子李豫劝道："现在刚收复了长安，如果此时抢掠，洛阳百姓可能会死守，到时候就难以攻克了。"

回纥太子听从了李豫的劝告，在攻克洛阳之后，回纥军进入洛阳府库，大肆搜刮财帛，又在市井村坊劫掠了三天。最终，唐朝只能拿出一万匹罗锦送给回纥，回纥人这才停止了劫掠。

唐代宗李豫即位后，已经投降大唐的史思明再次叛乱，占据洛阳。无奈之下，李豫再次向回纥借兵，这一次，回纥人索要的"好处"比上一次更多。当洛阳再一次收复时，回纥人在洛阳制造了一场浩劫，烧杀抢掠过后，熊熊大火燃烧了几十天才熄灭，烧得洛阳城如同人间炼狱。

回纥帮助大唐出兵，可以说是一举多得。除了能从大唐劫掠到大量财物之外，还能收获大唐皇帝一颗感恩的心。作为回报，大唐从回纥购买马匹时，要付出比之前更高的价格，回纥也能趁机牟取暴利。

另外，回纥与吐蕃本是世仇，唐朝在河西一带的势力一旦衰弱，吐蕃就可以肆无忌惮地攻打回纥。回纥帮助唐朝，也是在变相遏制吐蕃的扩张。

安史之乱平定后，李豫册封回纥牟羽可汗为英义建功毗伽可汗，赏赐食邑两万户，回纥可汗这才满意离去。

然而，回纥人前脚刚走，吐蕃人后脚就来犯了。广德元年（763），吐蕃大军攻破大震关，边境告急的消息却被宦官程元振隐瞒下来，等唐代宗李豫得到消息时，吐蕃大军已经长驱直入到邠州，即将兵临城下。

仓皇之间，唐军已经来不及抵抗，李豫只得再次出逃陕州。当郭子仪率领各路人马赶到长安救援，吐蕃人已经劫掠完毕，撤到了大唐边境。

也许是看此时的大唐好欺负，一年之后，吐蕃和回纥这对昔日的死对头竟然合伙来大唐打劫。大唐拼力抵抗，也没能换来国土的安稳。吐蕃和回纥联军隔三岔五就来顺手牵羊，如同逛市场买菜一样顺腿儿。

连年征战，再加上反复被劫掠，大唐百姓的生活雪上加霜。然而，盛世不再的大唐，对西域早已失去了震慑作用，如果再不进行改制，恐怕就连自保都做不到。

德宗改制：最后的挣扎

　　大历十四年（779），唐代宗李豫病逝，皇太子李适即位，是为唐德宗。作为一名在战火中成长起来的皇帝，李适目睹了繁花似锦的长安城被乱贼劫掠一空的惨状，也曾身为天下兵马大元帅，发起对安史叛军的决战，亲手终结了这场历时八年的叛乱。

　　登基那一年，李适已经三十八岁。父祖辈留给他的，是一个危机重重的帝国：朝廷没钱，地方政府不上缴税款，大量人口死于战乱，大唐王朝几乎只剩下一座空壳。

　　摆在李适面前的，有两件事最要紧：一是节省开支，二是把省下来的钱都投入神策军的建设中。

　　危机四伏的大唐，战乱随时有可能卷土重来。藩镇节度使把国土分割得七零八落，态度日渐强硬的回纥人也越来越不把大唐放在眼里，西边的吐蕃趁着安史之乱，攻占了唐朝边陲几十个州，不断威胁长安。

坐在皇位上的李适感到压力很大，皇位还没有坐热，吐蕃就联合南诏国（大体位于今云南境内）大举入侵四川。

在战场上摸爬滚打多年的李适丝毫没有慌乱，他仔细分析了一下敌我局势，再结合四川蜀道的地形，便判断出，敌军几乎没有胜算。

果然不出李适预料，吐蕃的战马根本无法在崇山峻岭的蜀道上驰骋。南诏军队战斗力向来不强，李适只派出四川周边的节度使以及四千名神策军，就将吐蕃与南诏联军杀得节节败退。

勇猛无比的神策军让李适看到了削藩的希望，他立刻将神策军扩充到十五万人，以备随时有可能爆发的战争。不过，为了供养这支庞大的军队，中央政府的财政面临着巨大压力。

搞钱，是此刻朝政的重中之重。缓解中央财政压力的最有效办法，就是改革税制。

安史之乱之前，唐朝一直采用"均田制"，即国家分田给百姓，百姓根据"租庸调"制度，对国家承担纳税义务。

其实，这一制度早在唐玄宗李隆基在位时，就已经面临崩坏的边缘。安史之乱爆发后，一切旧制被彻底打破，借着这个机会，李适打算彻底改革税制，全面推行两税法，国家不再为百姓授予田地，也就是变相承认了土地私有化。

两税法分为地税和户税。地税是根据田地肥沃程度不同，征收不等的税金；户税则是以家庭为单位，根据家庭财产多寡，征收不等的税金。而税金也不再以实物进行缴纳，而是统一改为缴纳货币。

富人多缴税，穷人少缴税，表面上看，两税法减轻了底层劳动人民的纳税负担。然而，真正执行起来，却并不是那么回事。

两税法的最大弊端，是"量入制出"。也就是说，国家需要用多少钱，百姓就需要缴多少税。朝廷为了扩充军力，自然需要大量金钱，如此一来，百姓的纳税负担反而变得更重。

李适曾在一次出游时随机采访了一家农户，他问道："两税法的实施，让你们的日子好过多了吧？"农户的回答却道出了残酷的真相："两税法税外加税，我们纳的税比从前更多了。"

那一刻，李适沉默了，原来，两税法只是缓解了中央政府的财政危机，百姓竟丝毫没有受益。

不过，两税法至少解决了扩充军队的问题，有了足够的兵力和武器，李适终于可以大张旗鼓地开展削藩大业。可他没想到，一开始就遭遇了挫折。

建中二年（781），成德节度使李宝臣病故，李适认为这是收拾河朔三镇的好机会，便拒绝李宝臣的儿子李惟岳继任成德节度使的要求。

不出李适所料，李惟岳联合河北三镇的另外几个节度使发起叛乱。于是，早已准备多时的李适派出神策军全部精锐，征讨叛贼。

起初，战事进行得很顺利。然而，眼看朝廷即将胜利的时候，协助朝廷平叛的幽州留守朱滔和成德镇的王武俊都想成为下一任成德节度使。李适的本意就是削藩，自然不同意，朱滔和王武俊一怒之下，竟然手拉手造反了，还拉上了魏博节度使田悦。

如此一来，淮西节度使李希烈也看出李适有削藩的念头，索性也跟着一起反了。如此反转一百八十度的剧情，让李适着实没有预料到，更可怕的是，他手头的神策军不够用了。

为了应对战事，李适不得不向其他藩镇求助。泾源节度使派出了五千名番兵支援，捉襟见肘的朝廷却拿不出钱来犒劳军队。这五千名番兵越想越委屈，在路过长安时，愤怒之情到达了顶点，竟然冲进长安城抢劫了府库，吓得李适仓皇逃往奉天（今陕西乾县）避难。

这是李适有生之年里第三次从长安出逃。第一次出逃时，李适只有十四岁。那时，安史之乱刚刚爆发，少不更事的李适跟着太爷爷李隆基逃往蜀地；第二次出逃时，安史之乱刚刚平定，李适跟着父亲李豫历经八年逃亡，好不容易回到长安，气还没有喘匀，又被吐蕃铁骑赶出了长安。

李适怎么都没想到，自己在当上皇帝之后，竟然遭遇第三次出逃。这件事对李适的打击实在太大，他原本想大刀阔斧地干一番事业，没想到削藩不成，就连自己的老家都被叛军占领了。更可笑的是，朔方节度使李怀光来奉天救驾，朝廷还是拿不出封赏，李怀光竟然因此也反叛了。

接二连三的打击，差点把李适气笑了。他一边忙着逃往更远的汉中，一边不忘反思自己到底哪一步没有做对。

到了汉中，李适反思完毕，写下了一篇《罪己诏》，从字里行间可以看出，他反思得足够彻底，差点连皇帝都不想当了。

好在，李适及时把自己从崩溃的边缘拉了回来。身为皇帝，他没有"躺平"的资格。到了汉中，李适好不容易稳住阵脚，之后又花了一年多的时间，终于击溃了叛军。

从重返长安城的那一天起，李适就开始对之前的乱局进行复盘，并最终得出了一个结论：文臣武将都不可信，能信任的只有宦官。

从此，李适开启了宦官执掌兵权的制度，也正因如此，宋代司马光才批评李适"识度暗浅"。但如果司马光生活在中唐时期，也许可以理解李适的所作所为。那个时候，武将忙着藩镇割据，文官忙着阳奉阴违，只有无依无靠的宦官，才对皇帝有一颗忠心。宦官掌兵，实在是李适迫不得已的决定。

削藩失败也让李适认识到，藩镇不是一朝一夕形成的，自然也不能一夜之间就铲除，他此刻要做的，是强大自身。

　　于是，重返长安的李适好像换了个人，他一面重用宦官，一面大肆敛财，重用寒门进士，打击门阀势力，为后来的唐宪宗打下了良好的基础，为大唐带来了短暂的"元和中兴"。

第六章

余晖·走马灯似的皇帝

元和中兴：暂时把偏离的轨道调回来

一场"奉天之难"，让李适对藩镇的态度发生了一百八十度转变，从最初的严厉镇压，变成了后来的姑息纵容。

李适本打算先恢复中央政府财政与军政实力，积蓄实力之后，再逐步削除藩镇。

可惜，李适在有生之年没能实现他的削藩大业，贞元二十一年（805），李适驾崩，传位于太子李诵，是为唐顺宗。

文武双全的李诵，曾在奉天保卫战中立下汗马功劳，在朝中威望极高。可惜，就在登基前的几个月，李诵突发中风，失去了语言功能。围绕在李诵身边的东宫集团承担起治国大任，积极推行了一系列改革措施，史称"永贞革新"。

改革措施动摇了宦官的利益，他们因此决定拥立新君。

李诵登基仅半年多，宦官集团便拥立皇子李纯即位，李诵被迫退位，称太上皇，几个月后便病重驾崩。

新皇李纯即唐宪宗，可以说，他赶上了一个好时代。此时的大唐已经从安史之乱后的困局中走了出来，国家终于恢复了久违的安定。于是，李纯打算继承爷爷的遗志：跟藩镇势力战斗到底。

也许是天命使然，就在李纯还没想好对哪个藩镇下手的时候，一个叫刘辟的人主动来送人头。

刘辟原本想趁李纯刚刚登基立足未稳的时候，杀他个措手不及，逼迫朝廷承认他西川节度使的身份。没想到这位新任皇帝如此"硬核"，接到消息后立刻派出神策军入川作战，只用了九个月时间，就平定了四川，活捉了刘辟，将其押回长安斩首。

李纯打响了属于自己的削藩"第一枪"，他知道，刘辟的死一定会引发其他藩镇的异动，无论朝廷是否已经准备周全，削藩行动已经箭在弦上，不得不发。

此时的大唐有钱有军队，李纯坚信只靠武力就可以解决问题。因此，成德节度使王士真病死后，其子王承宗请求继任节度使一职时，李纯拒绝得那叫一个干脆。

李纯不仅剥夺了王承宗的所有官爵，还立刻派遣神策军会同其他节度使一同讨伐成德镇。

神策军刚从长安出发，河北地区的节度使们就得到了消息。魏博节度使田季安第一个紧张了起来。对他而言，这一幕实在太过熟悉。二十五年前，朝廷就是像现在这样派出了讨伐河朔三镇的大军，要不是长安自己先乱了，朝廷差一点就削藩成功了。于是，田季安暗下决心，要助王承宗一臂之力。

就在此时，范阳节度使刘济派人来到魏博镇，向田季安提了一个问题："你为什么要陪王承宗去送死？"

刘济想通过这句提问来引发接下来的观点："如果在你的协助下，王承宗战胜了神策军，那皇帝就丢了面子。到时候，皇帝一定会把气都撒在你身上，下次出兵，一定是来魏博讨伐你。"

田季安果然听进去了，赶忙问接下来该怎么办。刘济给出的对策是，假装配合朝廷讨伐王承宗。

具体实施方案是这样的：第一步，先和王承宗取得联络，说自己是迫不得已协助朝廷的；第二步，问王承宗能不能配合演戏，假装让田季安打下一座城，让朝廷相信田季安的忠心；第三步，有了这座城托底，田季安之后在战场上装装样子就可以了，不用真出力，王承宗也能被保全。

刘济的方案堪称"天衣无缝"，田季安照做了，果然，讨伐成德镇的战争足足被拖了好几年，朝廷投入了大量财力与兵力，结果还是无功而返。

皇帝李纯这才意识到：敌人很强大，不光有兵力，还有头脑。想要削藩，还得再等等。

幸运的是，李纯并没有等太久。元和七年（812），魏博镇节度使田季安去世，奏请朝廷准许其幼子田怀谏继任。李纯觉得，削藩的机会又来了，但他刚想行动，就被宰相李绛按住了。

李绛认为，如今的河北藩镇普遍存在一个问题——尾大不掉，这就导致藩镇内部很容易出现矛盾，朝廷可以利用这个矛盾，等待他们自相残杀，到时候，朝廷不费一兵一卒，就可坐收渔翁之利。

李纯有一个优点：听劝。他认为李绛说得非常有道理，于是便耐下心来等待。

果然像李绛说的那样，年仅十一岁的田怀谏，根本镇不住手下的兵。兵将们聚集到同宗长辈田弘正家门前，急迫地想要拥立田弘正做节度使。

田弘正吓得不敢开门，隔着门板提出了三个条件，只要兵将们答应，他就继任。这三个条件是保全田怀谏，归顺朝廷，如有作乱者立刻诛杀。

兵将们欣然应允，于是，田弘正率领魏博镇全部兵力归顺朝廷，并带头向朝廷缴税。其实，田弘正的归顺并非出于忠贞，而是有自知之明。他知道手下的兵将们不过是想把他当作傀儡，只有依附朝廷，他才能在兵将面前硬气起来。

无论如何，魏博镇的归顺，为朝廷打开了新局面。河朔三镇不再是铁板一块，撕开了这道口子，削藩的难度等级就自动降低了。

元和九年（814），淮西节度使吴少阳病死，其子吴元济没能继任，起兵反唐。此时的藩镇局势早已不同于往日，一些已经归顺朝廷的藩镇甚至主动提出要替朝廷平叛。

不过，这场仗并不好打，持续了三年多，朝廷还是没能获胜。就在这时，唐邓节度使李愬带兵参战了。

李愬召集了九千名精兵，雪夜奇袭，杀死睡梦中的守将，包围了吴元济的衙署。吴元济很快被送往长安斩首，割据长达三十多年的淮西地区从此回归朝廷。

魏博镇与淮西的回归，让其他藩镇节度使看出了朝廷削藩的决心。于是，一些节度使纷纷把自己的儿子送入长安为质，并主动奉还部分土地，还承诺按时向朝廷缴税，并由朝廷掌握节度使的任免权。

不过，淄青节度使李师道刚向朝廷做出承诺，转过头就后悔了。李纯一怒之下，调集两河地区所有藩镇攻打淄青。

李师道终于知道害怕了，可惜，他的手下没给他向朝廷投降认错的机会，战争开始不久，李师道全家就被手下杀害了。

至此，全国各地藩镇悉数归顺朝廷，藩镇割据势力终于在李纯手中覆灭了，中央政府恢复了昔日的权威。

没有了藩镇隐患，李纯放开手脚选拔人才，与士大夫共治天下，朝野内外重现往日的祥和气息。

历史上将唐宪宗李纯执政的岁月称为"元和中兴"，然而，这所谓的中兴与曾经的"贞观之治"和"开元盛世"的繁荣局面根本不可同日而语。

除了暂时打压住藩镇势力，"元和中兴"并没有让大唐有太多起色。不过，能让大唐在安史之乱之后又支撑了一百四十多年，唐宪宗李纯依然功不可没。

短命君王：当皇帝风险系数有点高

大唐王朝的中兴局面，让李纯自认为立下了不朽之功。于是，他不可免俗地走上了唐玄宗李隆基的老路，想要躺在功劳簿上开启骄奢的帝王生涯。

自从李纯罢免贤相裴度，任用奸臣皇甫镈之后，大唐的政治就日渐颓败。李纯对此视而不见，反而妄想通过服食丹药让自己长生不老。

在皇甫镈的推荐下，一个名叫柳泌的道士进入皇宫，专门负责为李纯配制长生不老丹药。可李纯觉得只有道教人士的加持还不够，他又大张旗鼓地派遣宦官前往凤翔迎接佛骨。

刑部侍郎韩愈为此写奏折劝谏，李纯勃然大怒，差点将韩愈处死，好在有裴度等人求情，韩愈才被贬为潮州刺史。

有了韩愈的前车之鉴，朝中官员再也没有人敢阻止李纯追求长生不老之术。李纯开始肆无忌惮地服食丹药，性情变得越来越暴躁，身边的宦官动不动就被处死，最终，长时间笼罩在死亡阴影下的宦官们决定：换个皇帝。

于是，宦官集团自动分成了两个阵营，分别拥戴自己心目中的理想皇帝：皇次子李恽和皇三子李恒。

李恒原本已经被册立为太子，他的母妃郭氏是名将郭子仪的孙女，在朝中势力强大。不过，李纯对这位太子人选始终不太满意，李纯的心腹宦官吐突承璀揣摩着皇帝的心意，始终没有放弃对皇次子李恽的拥戴。

李纯因大量服食丹药，身体每况愈下，吐突承璀也开始加紧立李恽为太子的谋划。太子李恒很担心，跑去找舅舅郭钊商量，郭钊的话给李恒吃了一颗定心丸："你只要孝顺皇帝就好，别的事情不用担心。"

郭钊的言外之意就是，他们已经替李恒部署好了一切，只等皇帝李纯驾崩了。

元和十五年（820）正月二十七日，唐宪宗李纯暴毙。有人说，是李恒联合宦官毒死了李纯，又杀死了一直和自己作对的宦官吐突承璀。李恒有惊无险地登上了皇位，是为唐穆宗。

李恒登基的时候已经二十六岁，正是在政治上大有作为的年龄。然而，李恒对政治并不感兴趣，他只喜欢纵情玩乐。

朝廷为李纯治丧期间，李恒就毫不掩饰自己对游乐的喜好。等李纯下葬之后，李恒就更加没有节制了。

葬礼结束后不久，李恒就带着亲信随从跑出去狩猎。几个月后，已经晋升为皇太后的郭氏移居南内的兴庆宫，李恒在兴庆宫大摆筵席，之后又对神策军将领们大肆封赏。

李恒喜欢看杂耍，并且每三天就要看一次，再紧急的朝政，都没有他看杂耍取乐重要。只要是玩乐，李恒总有源源不断的灵感。他还为自己策划了一场别开生面的生日会，大臣们反复劝说，他才不情不愿地取消庆生仪式。

李恒实在是个能折腾的皇帝，他在宫里大兴土木，修建宫殿、建造假山。假山建造过程中发生了倒塌事故，七个工人被压死，却丝毫没有影响李恒玩乐的雅兴。永安殿建成的时候，李恒还带领后宫嫔妃在里面观百戏，相当尽兴。

之后，李恒又斥巨资，把长安城内的寺庙从里到外翻新了一遍，并特意邀请吐蕃使者前来观看他的杰作。

修完了宫殿和寺庙，李恒又在宫内挖起了池塘。他征调两千名神策军，将宫中早已淤积的鱼藻池疏通，还让宫人们在池中划船比赛，自己则在岸边举办宴会，边喝酒边看赛龙舟。

不久，西北少数民族来边境侵犯，形势已经非常紧迫。这时，李恒却还惦记出去玩。他告诉大臣，自己要去华清宫玩一天，日落时就回来。无论大臣如何劝阻，李恒依然不肯取消出游计划，带着上千人浩浩荡荡出宫，一直玩到很晚才回来。

李恒在位期间，宫中宴会不断，并且每一场宴会的举办，都有合理借口。谏议大夫郑覃等人写奏章劝谏，李恒第一次看到这样的奏章，觉得很新鲜，就问宰相："写这些奏章的人都是谁啊？"宰相一时间竟有些无语，李恒身为皇帝，竟然连自己的臣子都不认识，还好意思问。宰相措了半天辞，最后只憋出一句："他们都是谏臣。"

对于谏臣们的谏言，李恒只有一个态度：虚心接受，坚决不改！

耽于玩乐的君王，最终注定毁于玩乐。一次，李恒在宫中与宦官打马球，玩耍途中有一个宦官突然从马上掉了下来，吓得李恒也不敢再玩，停下来准备去大殿休息。刚从马上下来，李恒突然觉得双脚不太听使唤，之后头一晕，脚一软，竟然栽倒在地。

太医诊断的结果是中风。李恒年纪轻轻，从此只能卧病在床，这怎么能让他甘心？为了尽快站起来，继续过享乐的日子，李恒也开始迷信丹药。不知道是因为服食丹药过量，还是病情恶化，长庆四年（824），在皇位上只坐了短短四年的李恒驾崩于寝宫之中，终年三十岁。

太子李湛在李恒的灵柩前即位，是为唐敬宗，时年十六岁。

与自己的父亲相比，李湛在耽于玩乐方面堪称有过之而无不及。身为皇帝，李湛却有一颗当球星的心。即位第二个月，李湛就跑到中和殿和飞龙院连玩两天球，之后还大摆宴席庆祝，玩得那叫一个尽兴。

李恒在位时，虽然也沉迷玩乐，但好歹还会上朝。可李湛即位后，早朝上基本看不见皇帝的身影，因为他要睡懒觉。

皇帝白天打马球，晚上抓狐狸，玩得不亦乐乎，皇宫守卫形同虚设。这让两个平头老百姓动了歪心思，想要趁皇帝玩乐的时候体验一下皇家生活。

这两个百姓一个名叫张韶，是宫中染坊的工人；另一个名叫苏玄明，是在长安街头摆摊算卦的。他们召集了一众三教九流，藏在给皇宫运送染料的车里，竟然一路畅通无阻，大模大样地进了皇宫。

当时李湛还在清思殿打马球，得知这伙人马上就要杀到清思殿，李湛赶忙跑到神策军那里寻求保护。张韶进入清思殿后，坐在皇帝的御榻上好好地过了一把瘾，又把李湛吃剩的酒菜重新摆好，和苏玄明推杯换盏起来。

皇家生活体验到这里，也差不多该结束了。闻讯而来的神策军三下五除二，就结果了这伙人的性命。不过，这样一场闹剧并没有让李湛警醒，他反而玩得变本加厉，花样不断翻新。

李湛还发明了一种纸做的箭头，里面裹上香粉，让嫔妃们站在远处，他用纸箭射向她们。被射中的嫔妃，身上会留下浓烈的香气，于是宫中人称这种箭为"风流箭"。嫔妃们都渴望自己能被射中，因为只有被射中的人才能得到皇帝宠幸。

李湛对打马球简直到了痴迷的程度，没能成为一名马球运动员，实在有点可惜。他不仅自己喜欢打马球，还要求禁军将士、三宫内侍都要参加他举办的马球比赛。他还在皇宫里举办过一场体育盛会，体育项目有马球、摔跤、散打、搏击等，其中最有趣味性的一项，是由神策军、宫人、教坊、内园各自组队，骑着驴"打马球"。

为了观看摔跤取乐，李湛还专门豢养了一批力士，这些力士日夜围在他身边。他还下令，让全国各地选拔力士进献，为了挑选力士花了不少钱，李湛一点都不心疼。

到了晚上，李湛还经常带人在皇宫里抓狐狸取乐，美其名曰"打夜狐"。宝历二年（826）十二月初八，李湛又一次"打夜狐"归来，意犹未尽，又拉着众人打球、喝酒。酒至半酣，李湛想去厕所，突然，大殿内所有的火烛都被熄灭，一直陪着李湛玩耍的宦官刘克明和军将苏佐明联起手来，将李湛杀死在偏殿里。

李湛死时还不满十八周岁，刚当了两年皇帝，在唐朝二十位皇帝中，李湛是最短命的一个。

刘克明等人杀死李湛后，打算通过假遗诏拥立李湛的叔叔李悟登基。假遗诏刚一宣读，宦官王守澄就听出了不对劲，他找到神策军中尉梁守谦商量，两人得出结论：皇帝一定是被刘克明等人害死的。

于是，王守澄与梁守谦把李湛的弟弟李涵秘密接入宫中，又调来两千神策军诛杀刘克明等人，李悟也在乱军中被杀死。

宝历二年（826）十二月，李涵在糊里糊涂间成为皇帝，改名李昂，是为唐文宗。

短短六年时间，大唐更换了三位皇帝，且个个死于非命。这足以说明，皇权已经不完全掌握在皇帝手里，大唐的乱局，还远远没有结束。

甘露之变：弱势的天子、
不靠谱的宰相、反水的侍郎

中晚唐时期的宦官集团，一直是让皇帝又爱又恨的存在。唐文宗李昂即位，宦官王守澄功不可没。为了回报王守澄，李昂任命其接任右军中尉一职，同时兼管神策军。

作为一名同时掌管军权与政权的宦官，王守澄在朝中拥有了不可撼动的地位。

王守澄自恃功高，在朝中气焰极其嚣张，不仅公然贪赃枉法，朝政大事也处处插一脚，根本不把年轻的皇帝放在眼里。

李昂曾经无数次有过杀死王守澄的念头，可惜他身为皇帝，权势还不如宦官大，只能一次又一次地忍气吞声。

不过，李昂也没有闲着，他一直在不动声色地观察朝堂上的每一个人，希望能从中找到一个与宦官集团毫无瓜葛，且对他忠贞不贰的官员当帮手。

功夫不负有心人，经过漫长的观察，翰林学士宋申锡进入了李昂的视线。李昂相信自己看人的眼光，第一次召宋申锡单独谈话，李昂就对他交了心，并且提拔宋申锡为尚书左丞、同中书门下平章事，实际相当于宰相。

宋申锡走马上任后，制订了一系列铲除宦官的计划，并认为吏部侍郎王璠是最合适的执行者。

在宋申锡的推荐下，王璠被任命为京兆府尹。之后，宋申锡亲自出面，向王璠讲述了铲除宦官的计划。宋申锡的言语很有煽动性，他再三表示，这是建功立业、光宗耀祖的大好机会，说得王璠热血沸腾，当场拍着胸脯保证，一定要亲手砍下王守澄的头，不辜负皇帝的托付。

宋申锡心满意足地离开后，王璠的一身热血渐渐冷却，越想越觉得这事不靠谱。先不说这件事的风险系数有多高，就算计划成功了，最大功臣也是宋申锡，而他王璠只不过是个跑腿的。思来想去，王璠还是觉得投入产出比不够合理，但如果换个思路，把秘密泄露给大权在握的王守澄，似乎收益更高。

于是，王璠来到王守澄府邸，把宋申锡和皇帝的计划和盘托出。王守澄立刻展开反击，诬陷宋申锡谋反，更可笑的是，李昂竟然相信了。

经过一番彻查，宰相班子的其他成员都认定宋申锡是被诬告的，可王守澄权势太大，没人保得住宋申锡，只能将其贬为开州（今重庆开州）司马。

皇帝与宦官的第一轮较量，以皇帝失败而告终。不过，唐文宗李昂并不死心，于是，一场重大历史事件缓缓拉开了序幕。

也许李昂之前并没想过，自己会把铲除宦官的重任交给两个由宦官提拔的人去执行。但有些事情就是如此奇妙，最不可能的人竟然在种种际遇之下，变成了最合适的人。

这两个人就是郑注和李训。

郑注出身贫寒，做官以前是江湖上的一名赤脚医生，因为医术了得，且"机辩纵横"，受到王守澄青睐，并依靠王守澄的权势入朝为官，节节高升。

太和七年（833），李昂中风，说不了话，王守澄便把郑注引荐给李昂治病。在郑注的治疗下，李昂渐渐痊愈，从此，郑注得到了李昂的信任。

李训之前曾遭流放，李昂登基后大赦天下，李训这才返回长安。他用重金贿赂郑注，被郑注引荐给王守澄，王守澄又把李训举荐给李昂。李训善于炼药，又擅长讲《易经》，因此也受到李昂重用。

第一次铲除宦官的计划失败之后，李昂一直闷闷不乐。

郑注揣摩出皇帝的心思，他发现宦官集团内部一直存在矛盾，其中尤其以仇士良和王守澄的矛盾最深，于是，主动献上铲除宦官的计策——利用宦官打击宦官，还引荐李训相助。李昂采用了郑注的计策，他思来想去，发现没人比这两个人更适合实施这个计策，他们都是王守澄举荐的人，与他们合谋，应该不会引起宦官集团的怀疑。

李昂任命王守澄为左右神策观军容使，明升暗贬，削弱了王守澄的军权。之后，李昂又晋升仇士良为右神策军中尉，掌管右神策军的军权。

这个利用宦官打击宦官的计策很快见效，王守澄失去军权后不久，就被秘密毒杀。

铲除了心腹大患的李昂终于松了口气，他升李训为宰相，又任命郑注为凤翔节度使，希望这两人互为援助，彻底铲除宦官集团。

可是，李训的目的已经变得不再纯粹，为了不让郑注与自己争夺功劳，他打算铲除宦官集团之后，立刻铲除郑注。

借着王守澄的死，李训与郑注商议出一个铲除宦官集团的计划。王守澄死后应在凤翔下葬，那里刚好是郑注的任所。郑注上任后，挑选几百名孔武有力的壮士，每人携带一根白色棍棒，怀揣一把利斧，作为郑注的亲兵。

按照计划，太和九年（835）十一月二十七日是王守澄下葬的日子，在此之前，由郑注向皇帝申请，命令神策军护军中尉以下的全部宦官都去河边为王守澄送葬。等宦官队伍进入墓道，郑注就立刻关闭墓门，命令亲兵诛杀全部宦官。

如果依计行事，铲除宦官集团的行动一定相当顺利。可李训压根就不想按计划执行，因为计划一旦成功，郑注将成为最大功臣。为了抢功，李训打算提前行动，在长安就把宦官杀尽，之后再除掉郑注。

在李训单方面制订的计划里，左金吾卫大将军韩约是重要成员。十二月二十一日，距离王守澄下葬还有六天，李训的行动开始了。

那天早朝时，李昂来到紫宸殿，百官列队站定之后，左金吾卫大将军韩约登场了。他没有像平时一样报告平安，而是奏称在左金吾卫后院的石榴树上，发现有甘露降临。

按照古人的理解，甘露是祥瑞之兆，文武百官为此纷纷向皇帝跪拜庆贺。接下来，李训出场，劝说皇帝亲自前往观看，承受上天赐予的祥瑞，李昂立刻同意了。

辰时刚过，李昂就乘坐一顶软轿出了紫宸门，来到含元殿。不过，他并没有急着亲自去看甘露，而是命宰相，中书、门下两省的官员先去左金吾卫后院查看。

官员们去了很久才回来，这时候李训抢先奏报，说那甘露看上去不像真的。李昂觉得有点奇怪，便让仇士良带领宦官再次前往左金吾卫查看。

李昂的举动正中李训下怀，宦官们走后，李训立刻部署行动。

另一边，仇士良已经率领宦官来到左金吾卫。韩约因为心中有鬼，紧张得满头大汗，引起了仇士良的警觉。

就在这时，一阵风吹来，掀起了院中的帐幕，仇士良透过帐幕掀开的一角，发现有很多手执兵器的士卒埋伏在帐幕后边，大惊失色，转身就往门外跑。

他跑得实在太快，守门的士卒想关门都没有来得及。仇士良一口气跑到含元殿，气喘吁吁地向皇帝禀告："金吾卫谋反了！"

还没等李训喊来金吾卫，仇士良便带领一众宦官把李昂塞进了软轿，抬着李昂跑进宣政门。之后，仇士良下令将皇宫大门紧紧关闭，在宫城内开始了一场血腥屠杀。

六百多人被杀死在宫内，仇士良又下令出宫搜捕贼党。杀红了眼的禁军连百姓都不肯放过，街市上的百姓和商人枉死刀下的，竟有一千多人。

在这场震惊朝野的"甘露之变"中，始作俑者李训被截杀在逃亡的半路，郑注一家老小也惨死刀下。从此，皇帝李昂被宦官软禁，朝野上下几乎被诛杀一空，宦官成了真正的掌权者，宰相没有实权，形同虚设。

李昂苦苦支撑了四年多，最终病逝。他曾对翰林院学士周墀诉苦道："朕受制于家奴，连当年的周赧王、汉献帝都不如。"周墀听后跪在地上痛哭不止，年仅三十二岁的李昂就这样在屈辱中含恨离世。

会昌中兴：杯水车薪的胜利

唐文宗李昂生前不能主持朝政，就连他临终前的遗诏在宦官那里都不作数。他曾想立兄长李湛的儿子李成美为新帝，宦官们却拥立李昂的弟弟李炎即位，是为唐武宗。

李炎登基前没有做过太子，只是一名普通的宗亲王爷。不过，李炎为人沉稳，喜怒不形于色，且颇有政治手腕，刚一登基，就把李成美这个潜在对手赐死，巩固了自己的皇权。

大唐王朝交到李炎手里时，已经千疮百孔。然而，面对种种不利因素，李炎依然有了一番作为。从遏制宦官势力，到大范围灭佛行动，再到打压藩镇，李炎终于让走向末路的晚唐呈现出一丝曙光，成为晚唐时期最有作为的皇帝之一。

虽然李炎是在宦官的拥立下登基的，但他本人对宦官全无好感。宦官专权多年，可以随意拥立皇帝，也把皇帝的性命攥在手里。因此，李炎登基后要做的第一件事，就是改变宦官专政的局面。

刚一登基，李炎就把淮南节度使李德裕召回长安担任宰相，并提高了中书省的地位，这相当于让李德裕拥有实权。

亲手把李炎推上皇位的宦官仇士良因此不满，一度从削减军费一事下手煽动禁军闹事，企图让李炎妥协。这时，李炎带着强大的气场出现在禁军面前，告诉大家，削减军费是他的主意，和宰相没有任何关系。

李炎用皇帝的威严震慑住了禁军，也震慑住了仇士良。不过，李炎并没有对仇士良赶尽杀绝，反而将他提升为观军容使，领神策左、右二军。

从表面上看，仇士良的官职提升了，但实际上，却被剥夺了对禁军的控制权。仇士良没能架空皇帝，反而被皇帝架空，他明白大势已去，主动提出辞职，李炎顺水推舟，把仇士良赶出了皇宫。

会昌三年（843），李炎派人从仇士良家中搜出数千件兵器，借机削除仇士良的官爵，抄没其全部家产。至此，唐朝中晚期宦官专权的难题，在李炎这里得到了初步解决。李炎通过收回禁军军权的方式，将皇权牢牢掌握在手里。

改革弊政、复兴大唐，是李炎的夙愿。在这一点上，宰相李德裕与皇帝李炎不谋而合，他们君臣齐心，打算共同带领大唐渡过难关。

在李炎的支持下，李德裕的权力得到提升。与皇帝一条心的宰相拥有实权，变相等于巩固了皇权。

李炎是个精明的皇帝，为了避免出现宰相专权的情况，他对宰相的权力做出了一定限制，以此确保宰相和皇帝同时处于权力核心的位置，维持朝政的正常运转。

从宦官手中收回权力之后，李炎盘点了一下大唐此刻面临的难题。难题实在太多，李炎有点头疼。但既然已经坐上皇位，想要"辞职"是不可能了，只能硬着头皮干。

首先要解决的，是贪腐问题。唐朝此时的贪腐现象极其严重，已经危害到国家发展。于是，李炎向李德裕表明自己严惩贪腐的决心，这对君臣一拍即合，即刻向大唐贪腐现象开刀。

针对官员贪腐问题，李炎制定出"高俸养廉"的政策。首先要求各级政府官员的工资能按时发放，以此让官员能有积极的工作态度。在此基础上，李炎还为官员涨了工资，通过高薪遏制官员贪腐的欲望。

李炎当然明白，人的贪欲不可能轻易消失，除了正面引导，还必须在每一个官员头上悬挂一把"利剑"，让贪腐现象得到双重遏制。

于是，李炎下诏，贪腐罪等同于杀人罪和谋反罪，即便大赦天下时，贪腐罪也不能赦免。同时规定，官员利用职务之便收取丝绢三十匹以上，或贪污满千钱，就可判处死刑。

如此强势的手段的确有效惩治了眼前的贪腐问题，为了避免潜在的贪腐问题，李炎与李德裕商量，还是要从改变进士选拔制度下手：只挑选有真才实学的人进入中央政府，提高官员选拔质量。

为此，李炎规定，每年选拔进士的人数不再限制为二十五人，只要是有真才实学者，都可入选。不过，一些进士在中举之前只顾埋头苦读，不了解民间疾苦，自然也当不好基层干部。因此，进士入选之后还要通过"两考"，然后才能被授予官职。

之前，官宦子弟可以通过"门荫"做官，导致许多官宦子弟不学无术也能进入官场混日子。李炎为此下诏，限制门荫特权，严格控制官员职权范围，提高官僚队伍素质。除此之外，李炎还严禁官员经商，避免官商勾结危害百姓。

至此，晚唐时期的贪腐现象终于暂时得到改善。不过，这还算不上李炎执政时期的最大成就，若论李炎可圈可点的政绩，还要数其对藩镇势力的压制。

藩镇割据一直是中晚唐时期朝廷面临的老大难问题。会昌元年（841）九月，卢龙镇爆发军乱。牙将陈行泰杀死节度使史元忠，自封为代理节度使，并请求朝廷增加藩镇的权势。

李德裕坚决不同意，像这种藩镇内讧的事情，他见过太多了，因此，李德裕建议李炎置之不理，拖上一拖，藩镇内部一定会自乱阵脚。

果然不出李德裕所料，几个月后，陈行泰被手下杀死，兵将们拥立张绛为节度使，又向朝廷提出了加强藩镇权力的请求。

朝廷的态度依然是"拖"，拖到时机成熟，派出雄武军使张仲武率兵出战，很快就平息了卢龙军乱。

可是不久之后，昭义镇又乱了。

自古以来，昭义镇都是兵家必争之地。这里是交通咽喉要道，既能遏制河北，也能保护东都洛阳。但凡事总有两面性，一旦昭义节度使反叛，轻而易举就能攻占洛阳。

昭义节度使与朝廷结怨是历史遗留问题。早在元和十四年（819），唐宪宗李纯征讨淄青节度使李师道时，曾下过一道诏令："如果某位淄青部将能杀死李师道，并归顺朝廷，那么他将得到李师道的全部势力。"

重赏之下必有勇夫，淄青部将刘悟用计杀死李师道，归顺朝廷。但是，朝廷言而无信，只把李师道的一部分地盘拨给刘悟，这让刘悟很不爽。

到了唐穆宗李恒时期，刘悟被任命为昭义节度使，并被派去镇压卢龙兵变。可刘悟因为对朝廷不满，以种种借口不肯出兵。一些与朝廷为敌的人纷纷投靠刘悟，朝廷也无可奈何。

刘悟死后，他的儿子刘从谏继承了父亲的职位，继续扩充昭义镇的势力。

会昌三年（843），刘从谏离世，他的儿子刘稹接管父亲的权力，气焰变得更加嚣张。李德裕认为，昭义地方势力太大，对朝廷构成了威胁，应该早日平定。于是，朝廷宣布免除刘稹的官爵，并在第二年派兵攻打昭义。

会昌四年（844）七月，天德军防御使石雄率领七千精兵杀进潞州，接连攻下五寨；大将王元奎同时在尧山击败昭义军。

此时，昭义军内部也出现矛盾，几名大将先后归顺朝廷，刘稹变成了光杆司令，最后被部下所杀。

随着昭义镇被平定，各地藩镇受到了震慑。这场平定藩镇之乱的胜利，是大唐王朝干涉地方藩镇割据的最后一次胜利。战争结束后，各地藩镇重新遵守朝廷命令，大唐王朝在形式上获得了统一。

不过，大唐王朝在各项弊政之下已经积重难返，平定昭义对于改变大唐局势而言，只不过是杯水车薪。

大中之治：覆灭前的回光返照

会昌六年（846），唐武宗李炎驾崩，宦官势力又有所抬头。以马元贽为首的宦官集团，没有给朝臣们见皇帝最后一面的机会，李炎驾崩之前，身边只有宦官，那么，由谁来担任下一任皇帝，自然也由宦官说了算。

李炎驾崩时只有三十二岁，几位皇子尚且年幼。马元贽打着拥立贤能的旗号，假借李炎的名义，立光王李忱为帝，是为唐宣宗。

李忱是唐宪宗李纯的第十三子，原名李怡。论辈分，李忱是唐敬宗李湛、唐文宗李昂、唐武宗李炎的亲皇叔。

在众多皇室子弟中，李忱的出身略显卑微。他的生母郑氏原本是镇海节度使李锜的小妾，因为李锜谋反失败，郑氏被罚入宫中，成为郭贵妃的侍女。

郑氏貌美，后来被唐宪宗李纯宠幸，生下了李忱。险恶深宫中，李忱无依无靠，因此他在别人面前很少说话，总是目光呆滞，看上去一副不太聪明的样子。

宫中人人都觉得李忱痴傻，皇家聚会时，众人常常拿李忱开玩笑，尤其是后来的唐文宗李昂，总是强逼李忱说话，以此取乐。至于后来的唐武宗李炎，压根看不起李忱，对这位名义上的皇叔十分不尊敬。

马元贽等宦官之所以推举李忱做皇帝，就是看中了他的"痴傻"。他们认定，一个不太聪明的皇帝，一定极好把控。然而，李忱从即位那一天起，就好像变了一个人，处理政务井井有条，丝毫不见当初呆滞的样子。

所谓的痴傻，不过是李忱韬光养晦之举。当马元贽意识到自己被玩儿了的时候，后悔已经来不及了。

李忱天生就是当皇帝的料，所谓一朝天子一朝臣，这个道理他比谁都明白。因此，李忱登基后，立刻就贬黜了宰相李德裕。

在唐武宗一朝，李德裕大权在握，独断专行，且热衷于党争，李忱想要巩固皇权，自然容不下这号人物。并且，贬黜李德裕，还能起到"杀鸡儆猴"的作用，让文武百官见识一下，这位皇帝绝不是好欺负的。

李德裕下台后，一直站在其对立面的"牛党"成员受到了重用。先是牛僧孺、李宗闵等人加官晋爵，后来，牛僧孺的两个儿子也官至节度使。

李忱重用"牛党"成员并非故意和李德裕对着干，而是认可"牛党"的执政理念。在对外事务中，"牛党"一向主张和平，避免开战。李忱也认为，这一理念有利于节省政府开支，同时能够改善民生。

唐武宗在位期间，曾经进行过大规模灭佛运动，从佛寺手中收回大量土地和劳动人口。李忱即位后，立刻推翻了唐武宗的政策，宣布恢复佛教地位，以此获得百姓的拥戴。

李忱把新皇上任这三把火烧得相当旺，他在用行动向整个大唐宣布：武宗一朝已经正式成为过去时，他这位现任皇帝要励精图治，放手干一番事业。

唐太宗李世民是李忱的先祖，也是李忱的偶像。《贞观政要》是李忱最喜欢的一本书，里面记载了唐太宗时代的政治得失，也记载了一些政治、经济上的重大举措。

李忱把《贞观政要》当成自己的执政参考书，并且效仿唐太宗勤政爱民、重视人才的选拔和任用。唐朝中期以来遗留下来的各种问题，在李忱执政期间一一得到改善，他不仅亲手终结了持续近半个世纪的牛李党争，还有效地遏制了宦官势力的膨胀，打击心怀不轨的外戚与权贵，并且为甘露之变中冤死的官员平反昭雪。

在李忱的治理下，大唐果真呈现出些许"贞观之治"的影子，于是，李忱也被人送外号"小太宗"。

在政治、经济都已走下坡路的晚唐时期，能获得如此称号，说明李忱的确有治国之能，甚至可以说，李忱是大唐帝国的一颗"福星"。

安史之乱之后，大唐国力渐衰，边防力量尤为虚弱，不安分的吐蕃人趁机侵占了河西一带，廓州、凉州、兰州、瓜州、沙州等地相继落入吐蕃人手中。

李忱一即位，大唐就迎来了收复失地的大好时机。

大中三年（849），秦州、原州、安乐和萧关等三州七关的百姓，趁着吐蕃内乱，纷纷起义。李忱立刻派泾源、凤翔、邠宁节度使带兵接应，很快就将三州七关的土地收回大唐。

同年，沙州首领张议潮趁吐蕃内乱发动起义，光复沙州，之后又先后收复了瓜州、伊州、西州、甘州、肃州、兰州、鄯州、河州、岷州、廓州。

八月，张议潮派人将沙州、瓜州等十一州土地献给朝廷，至此，除凉州之外，沦陷于吐蕃手中近百年之久的河西地区尽数归复大唐。

自从安史之乱之后，历代大唐皇帝想做却没做成的事，竟然被李忱不费一兵一卒做到了。此后，大唐人口、钱粮增加，实力大增，虽然各地藩镇依然不安分，但在李忱一朝始终没有掀起太大的风浪。

后人将李忱执政时期称为"大中之治"，不过，在有些人看来，李忱这个人其实毛病不少，尤其是权力欲极强。

也许是因为多年来大唐皇权式微，权力不是把持在宦官手里，就是把持在权臣手里，因此，李忱最受不了别人染指自己的皇权，哪怕是皇子和宰相也不可以。

李忱算得上一名勤政的皇帝，最喜欢与百官谈论朝政。不过，在朝政方面，李忱有些刚愎自用，从来没有真正信任过任何一位大臣。

他并不需要能干的宰相，只需要听话的宰相。因此，李忱执政期间，历任宰相都碌碌无为，得过且过。每当李忱与大臣商议国政，大臣们都战战兢兢，生怕哪句话说错，让皇帝误以为自己想要夺权。

李忱对大臣如此，对身边的侍从更是如此。他曾宠信一个名叫祝汉贞的优伶，这个人擅长讲笑话，常常逗得李忱十分开心。一次，祝汉贞讲着讲着，不小心说到了政事，李忱立刻变脸，大怒道："我养你是取乐用的，你竟敢干预朝政？"之后二话不说，把祝汉贞赶出了皇宫。

因此，在大臣心目中，李忱是一位喜怒无常的皇帝。聊政事时，李忱是威严不可一世的，当政事聊完后，他又会换上一副亲切的面孔，与百官唠家常。有时候聊到一半，李忱又突然变脸，冷冷地告诫百官："你们都好自为之，别做出辜负朕的事情，以后就不好相见了。"

在百官面前呈现多副面孔，是李忱操弄权术的秘诀。有时，李忱会让朝臣提出对付宦官的建议，但他只听建议，从不执行。李忱似乎信奉一个道理：想要驾驭群臣，就要在其中制造矛盾。群臣与宦官对立，可以彼此牵制，皇权也会因此更加稳固。

不过，这种做法造成的直接后果，就是官员与皇帝离心离德，这也为后来的乱局埋下了隐患。

曾经有大臣建议李忱立太子，不料却换来了李忱的怒斥："如果立了太子，那朕就沦为闲人了。"从此，再也没人敢提立太子的事情，直到李忱驾崩，太子之位依然没有人选，这也给了宦官可乘之机。

从大中十三年（859）起，李忱因为长期服食丹药而中毒，身体每况愈下，有时连续一个多月都无法上朝。这一年八月初十，病入膏肓的李忱驾崩，终年五十岁。他死后，宦官拥立皇长子李漼即位，是为唐懿宗。

纵观李忱执政时期，他虽然时常把《贞观政要》捧在手里，其实只学到了表面，并没有学到唐太宗治国的精髓。因此，后人认为，所谓的"大中之治"，不过是粉饰太平而已。

李忱死后，大唐潜藏的危机终于全面爆发，"大中之治"成了大唐最后的荣耀时刻，这微弱的光辉没能照亮大唐后来的道路，短暂的"回光返照"之后，大唐王朝的生命正式进入了倒计时。

第七章

倾灭·开端有多辉煌，结局就有多惨烈

唐懿宗：开启唐朝灭亡倒计时

唐懿宗李漼原名李温（唐朝中后期皇帝有登基后改名的习惯），是唐宣宗李忱的长子。不过，这位长子并不受李忱的待见，他更喜欢皇四子李滋，且有过立李滋为太子的念头。

如果不是宦官以矫诏的方式拥立李漼即位，也许李漼这辈子都与皇位无缘。不过换个角度想，如果李漼真的没有当上皇帝，说不定反而是大唐王朝的幸运。

李漼即位次年，改年号为咸通。使用这一年号，是因为唐宣宗李忱曾作过一首曲子，其中有一句"海岳晏咸通"。

根据李漼后来的所作所为，几乎可以判定，他选择这个年号并不是要效仿自己的父皇励精图治，只是单纯喜欢这首曲子而已。

李漼是天生的音乐奇才，更是一名"骨灰级"音乐爱好者。他在位期间，对举办宴会、听曲赏舞的热情极高，为了举办歌舞宴会，朝政都可以先搁置一旁。宫中一天一小宴，三天一大宴，李漼似乎永远找不出空闲时间来处理朝政。

音乐就是李漼的"命"，一天都离不开。喝着小酒听着音乐，是他每天例行的娱乐节目。唐朝可没有电子设备，想要听音乐，必须让真人现场演奏。据说，李漼的"皇家乐团"里有五百多名乐工，只要把李漼哄高兴了，动不动就能得到上千贯钱的赏赐。

所谓"人生苦短，及时行乐"，这句话没人比李漼领悟得更透彻。除了音乐，李漼还喜欢说走就走的旅行。在皇宫里待腻了，就随时到长安郊外的行宫别馆住两天。外出"旅行"，音乐当然必不可少，因此，乐工们也要随行。

"旅行"最大的乐趣是呼朋引伴，亲王们就是李漼出行的旅伴。因为李漼行踪不定，所有亲王必须时刻准备着，只要皇帝召唤，即刻就要出发。行宫负责接待的官员，每天都要准备好食宿，以备皇帝随时驾临。

这种每天处于"备战"状态的生活，让官员和亲王们苦不堪言，但皇帝李漼却乐此不疲。据说，李漼每次出行，宫廷内外的随从多达十余万人，开销之大根本无法计算。父辈们拼了老命好不容易攒下的一点家底儿，李漼挥霍起来一点都不心疼。

皇帝无节制地宴饮、出游，给国家财政造成了严重的负担。大臣的劝谏他根本听不进去，还要想方设法开发出更多的主题出游活动。

咸通四年（863）二月，李漼举行了一场"祭祀主题"出游活动，竟然将唐朝十六座皇帝陵一一祭拜了一遍。

皇帝带头玩乐，大臣们自然也乐意效仿。在李漼一朝，整个官场都弥漫着穷奢极欲、醉生梦死的风气。

如果说李漼的命可以分成两半，那他一半给了音乐，另一半则给了自己的女儿同昌公主。据说，同昌公主直到三四岁都不会说话，一天，她突然对李漼说了一句"今日可得活了"，李漼正莫名其妙，迎接李漼即位的仪仗就到了府门口。从此，李漼把同昌公主视作福星，宠爱异常。

同昌公主十九岁时下嫁新科进士韦保衡，李漼为了给公主置办嫁妆，几乎搬空了国库。送嫁妆的队伍从宫门口排到长安城的尽头，数不尽的奇珍异宝源源不断送进公主府。

公主出嫁之后的生活也是极尽奢华。为了满足女儿的胃口，李漼命令御膳房准备各种美味。据说，有一道菜名叫"灵消炙"，是用喜鹊舌、羊心尖等材料制成的。一只羊身上只有四两心尖肉，公主吃一道菜，就有许多只羊和喜鹊丧命。

公主喝的水，是从清晨盛开的玫瑰花瓣上收集的露水，美其名曰"玫瑰露"。十几名宫人收集一早晨，才能收到一小瓶露水。

公主的衣食住行无不奢华，已经超越了礼法。也许是福报太厚，公主承受不住，在出嫁的第二年，同昌公主暴亡，李漼悲痛欲绝，为女儿举办了奢华的葬礼。

事后，驸马悄悄告诉李漼，公主是因为御医诊断不当而离世的。女儿的死已经让李漼丧失了理智，不经过任何调查，就将为公主诊治过的御医全部斩首，又将御医们的亲族共三百多人投入监狱。

李漼自己对治国没有兴趣，就将所有政务一股脑塞给大臣处理。然而，他却没有识人的眼光，即位之初，就罢免了令狐绹，任命白敏中接替宰相一职。

白敏中是大诗人白居易的从弟，也是前朝老臣。他刚被任命为宰相，就在一次入朝时不慎摔伤，卧病在床，根本无法处理公务。

为此，白敏中先后三次上表请辞，李漼都不批。其实，这是李漼在玩儿小心思，宰相因病不能办公，他这个皇帝刚好可以借故不理朝政，专心致志去玩乐。每次和大臣谈论政务，李漼根本坐不住，过不了一会儿，心思就飞到别处去了，每次都是敷衍几句，就匆匆散会。

李漼总是标榜自己是一位虚怀纳谏的皇帝，然而那些敢对他直言进谏的人，大多没有好下场。谏官王谱曾劝说李漼多花一些时间处理政务，李漼直接把王谱贬到外地去当县令。

李漼在位期间，一共任用过二十一位宰相，每一位都是碌碌无为之辈。比如杜悰，虽然是宰相杜佑之孙，本人却毫无才干，担任宰相期间，尸位素餐，人送外号"秃角犀"。

再比如路岩，担任宰相期间拉帮结派，收受贿赂，贪赃枉法，自己不办实事，还把政务都交给手下的小吏去处理。

李漼一朝的贪腐现象已经相当严重，百姓们还专门编歌谣来讽刺宰相们的贪腐堕落。可李漼不仅充耳不闻，还因为贪慕虚荣而忙着给自己上尊号"睿文英武明德至仁大圣广孝皇帝"。像这样多达十四个字的尊号，大唐开国以来，只有唐玄宗和唐武宗才有。凭李漼的治国才干，哪里能和唐玄宗媲美？不过是硬往自己脸上贴金而已。

腐败的政治最终导致了社会昏暗，阶级矛盾加剧。随着时间推移，从德宗年间开始实施的两税法已经弊病丛生，税赋的重压导致百姓生活无以为继，即使遭遇灾荒，赋税也没有减免，百姓不堪忍受，农民起义山雨欲来。

其实，就在李漼即位当年，浙东地区就爆发过一次农民起义。农民裘甫率领百余人的起义军，攻下象山和剡县，之后，当地农民纷纷响应，起义军队伍迅速扩充到三万人，先后攻下多座县城。朝廷派出重兵围剿，起义军在与官军几次殊死搏斗之后，最终战败。

可惜，这场农民起义并没有为李漼敲响警钟，咸通九年（868），桂林戍边将士不堪忍受恶劣的环境，请求回归本镇徐州，朝廷不肯允准。忍无可忍的戍边将士们夺取武器，杀死牙官，自行返乡。沿途穷苦百姓纷纷加入，造反队伍一路走一路扩充。朝廷原本打算赦免将士们的罪过，可徐州节度使崔彦增却派兵来征讨，结果大败，崔彦增被杀，桂林戍边将士正式起义。

起义军队伍迅速扩充至二十万人，先后攻克濠州、滁州、和州等地，切断了江淮漕运。朝廷派重兵召讨，足足用了一年多时间才将起义军镇压下来。

只要压迫还在，起义的风暴就永远不会止歇。然而李漼丝毫不懂得反思百姓造反的根源，只将希望寄托在求神拜佛上。

咸通十四年（873），李漼奉迎佛骨进入长安法门寺，耗费了大量财力，让本就空虚的国库雪上加霜。也许就连佛祖也不肯保佑这位荒唐的皇帝，奉迎佛骨几个月后，李漼驾崩，享年四十一岁。

李漼一生挥霍无度，前几任皇帝刚刚恢复的少许国力被他消耗殆尽，大唐的根基摇摇欲坠，走上亡国之路已在所难免。

唐僖宗：用球赛赌国运

李漼生前没有立过太子，这就给了宦官可乘之机。趁着李漼弥留之际，宦官田令孜、刘行深、韩文约等人以矫诏的方式拥立皇五子李儇为皇太子。

李漼死后，年仅十二岁的李儇在灵柩前即位，是为唐僖宗。李儇除了是唐朝又一位被宦官扶持上位的皇帝之外，还是唐朝历任皇帝中即位时年龄最小的一位。

李儇的生母王氏出身卑微，早已离世，因此，李儇在朝中并没有外戚势力的扶持。并且，李儇自幼在宦官的陪伴中长大，心智尚未成熟，对宦官十分依赖，扶持他做皇帝，朝政大权则会顺理成章地落入宦官手中。

宦官田令孜是李儇最信任的人。李漼在位时，田令孜只是一个在马坊里伺候马的小太监，地位很卑微。不过，田令孜读过很多书，且善于谋略，在李儇还是普王的时候，就与田令孜非常要好。

李儇几乎是在田令孜的陪伴下长大的，就连睡觉都要田令孜陪在身边。在李儇心目中，田令孜几乎算得上半个父亲，因此，李儇即位后，立刻提拔田令孜为枢密使，并称田令孜为"阿父"。

被皇帝称一声"阿父"，那是多高的荣耀。这也意味着，田令孜在朝中拥有不可撼动的地位。

不久之后，田令孜又被提拔为神策军中尉，也就是禁军统领，从此，李儇将全部政务都委托给田令孜处理。

田令孜从一个小宦官，一跃成为皇帝背后的掌权者，皇权与兵权在手，成了李儇即位初期最大的赢家，也成了当时唐朝统治集团的中心人物。

许多想做官的人，都要走田令孜的后门，只要献上重金贿赂，就会被田令孜授予官职或爵位。并且，这一切根本无须得到皇帝的许可，田令孜一个人完全可以说了算。

李儇原本是个极聪明的孩子，既精通音律与算术，也擅长骑射与剑术。如果好好培养，李儇或许会成为一名文武双全的治国奇才，可惜，宦官有意把持朝政，自然不需要一个太能干的皇帝。于是，李儇在心智不成熟的年纪里，被宦官一路指引着，成了大唐最能玩的皇帝。

把国事全部交给田令孜处理之后，李儇更加肆无忌惮地投入玩乐事业。他擅长的游戏实在太多：斗鸡、赌鹅、骑射、剑槊、音乐、围棋、赌博……只要是玩，他无不精通。尤其是打马球，李儇几乎到了痴迷的程度。

　　马球是唐朝的"国球"，初唐时期的皇帝们一度通过这项运动来保持大唐军队旺盛的斗志。马球赛场上的拼搏，赋予了大唐将士舍生忘死、勇往直前的热血精神，对于唐朝骑兵军团的建设也起到至关重要的作用。

　　然而，到了李儇这一代，马球只剩下玩乐这一项功能。作为一名铁杆球迷，李儇为了练习击球可以不眠不休，如果换成处理朝政，他则听不到两三句就会犯困。因此，田令孜每次单独见李儇时，只是带上一些水果和点心，请个安，聊聊天，从不谈朝政。

　　其实，田令孜巴不得李儇永远都对朝政不感兴趣，他想方设法支持李儇玩乐，玩得越疯越好。

　　李儇对自己的球技相当自信，他曾经对身边的优伶石野猪说："如果科举考击球，朕一定能中个状元。"石野猪答道："如果遇到尧舜这样的贤君做主考官，恐怕陛下不光会落选，还会被批评呢。"

　　就连一名优伶都知道，皇帝沉溺于玩乐不是好事，甚至壮着胆子委婉地规劝。然而身为皇帝的李儇却听不出石野猪话中的深意，只是一笑了之。

闲着无聊的时候，李儇就跑到各个皇兄府中赌鹅，一只鹅的赌注高达五十万钱。平时玩乐的时候，李儇经常随意打开国库，重金赏赐乐工和优伶，动不动就是上万钱。

国库几乎耗尽时，李儇偶尔也会担心。为了让小皇帝能安心玩乐，田令孜想出了一个"损招儿"。他派人将长安两市商户们的宝货登记入册，全部送入内帑，供皇帝挥霍。如果有商人不满，就会被送去京兆尹那里乱棍打死。

小皇帝被哄高兴了，朝中官员和民间百姓却敢怒不敢言，原本混乱的政局变得更加混乱。

唐懿宗李漼在位时，翰林学士刘允章曾在《直谏书》中描述过当时紧迫的局势，他将其称作"国有九破"，分别是终年聚兵；蛮夷炽兴；权豪奢僭；大将不朝；广造佛寺；贿赂公行；长吏残暴；赋役不等；食禄人多，输税人少。

天下苍生为此苦不堪言，到了李儇这一朝，情况不仅没有丝毫好转，反而日益加剧。

就在李儇即位后不久，黄巢起义爆发，起义军势不可当，接连攻下多地，直逼皇城。于是，田令孜打算效仿当年唐玄宗李隆基的做法，逃往蜀中避难。

大队人马出发之前，需要先安排好三川节度使的人选。李儇的任命方式简直就是胡闹，他下令举办一场马球比赛，谁赢了，谁就是三川节度使。

参加比赛的四位选手分别是陈敬瑄、杨师立、牛勖、罗元呆。比赛之前，小皇帝李儇下令，谁第一个进球，谁就能担任三川中最富饶的西川的节度使。

李儇并不知道，这四位候选人都是田令孜的心腹，无论谁赢了，最终的获胜者都是田令孜。即便李儇事先知道，也根本不会在意，他只在意这场马球比赛精不精彩，激不激烈。

最终，田令孜的哥哥陈敬瑄（田令孜本姓陈）获胜，被任命为剑南西川节度使。

广明元年（880）十二月，黄巢起义军攻下潼关，逼近长安。束手无策的君臣抱头痛哭，宰相卢携被吓破了胆，干脆自杀了。田令孜只得带着区区五百名神策军，护送小皇帝和少数宗室亲王，匆匆逃离长安。

当年唐玄宗李隆基逃往蜀中时，有两万名禁军护驾，且个个英勇神武。到了唐僖宗李儇时期，禁军水平早已不如往日，京中纨绔子弟只要贿赂宦官，就能在禁军中挂名，根本毫无战斗力。

这注定是一场无比狼狈的出逃，因为不仅禁军数量少，连马匹也少得可怜，就连皇室成员都只能徒步逃亡。

正值寒冬时节，李儇的七弟寿王李杰实在走不动了，躺在路边一块大石板上休息。田令孜看见后竟然一鞭子抽在李杰身上，呵斥他赶快起来。

田令孜没有想到，此时被他鞭打的这个人，将成为下一任皇帝。而这一鞭之仇，也会在不久的将来，成为田令孜的催命符。

李儇就这样狼狈不堪地逃到了蜀中，开始了长达四年的复国之旅。最终，黄巢起义军内部出现分裂，各地节度使合力围剿，长安终于光复。

不过，一场动乱过后，留给李儇的疆土比他离开长安之前缩水了一大半，仅剩下剑南、山南、岭南的几十座州县而已。

光启元年（885）三月，李儇终于重返长安。可悲的是，大唐在上一场劫难的余波未尽之时，他惊魂未定，又遭遇了新的动荡。

当时，田令孜企图从河中节度使王重荣手中夺得池盐之利，便联合邠宁节度使朱玫和凤翔节度使李昌符向王重荣宣战，王重荣联合李克用，打败了朱玫和李昌符，进逼长安。

李儇刚回到长安两年，又被撵出了长安，在田令孜的陪伴下逃亡到凤翔（今陕西宝鸡）。

朱玫原本想挟持李儇，却没有成功，于是便将来不及逃走的襄王李煴挟持到长安，立为傀儡皇帝，改元建贞，还把李儇遥尊为"太上皇"。

虽然朱玫在短短两个月后就被手下部将杀害，但李儇的返京之路依然受到阻碍。

凤翔节度使李昌符担心自己被朱玫牵连，于是以修缮长安宫室为借口，将李儇一行人强行滞留在凤翔。几个月后，李昌符攻打李儇行宫，最终兵败被斩杀。

直到光启四年（888）二月，李儇才终于返回长安。经过几番折腾之后，李儇的身体已经垮了，一个月后，李儇在长安暴毙，年仅二十七岁。

李儇在位短短十五年，经历两番颠沛流离，没有为大唐做出任何政绩，反而在逃难期间，为大唐留下了诸多隐患。

当年逃亡蜀中时，李儇只犒赏了随驾的神策军，并没有赏赐当地的西川军，导致西川将士与朝廷离心离德。而靠"赢球"成为西川节度使的陈敬瑄，对待手下一味严苛，导致西川军不肯归附于他。最终，在王建的统率下，西川建立"前蜀"政权，脱离了唐朝政府的管辖，成为晚唐时期最大的割据势力。

后来，在围剿黄巢起义军的时候，黄巢手下大将朱温归附朝廷，李儇大喜过望，还为朱温赐名"朱全忠"。然而，若干年后，正是李儇眼中的这位"忠诚"之人，亲手把李唐王朝送上了绝路。

黄巢起义：一场惊天大乱

黄巢在起义之前并不是贫苦百姓。黄家世代贩盐，并不缺钱，只缺少一个官职。于是，黄巢前半生一直在科考场上打拼，不为得到朝廷那份并不丰厚的俸禄，只求为家族争得一份荣誉。

黄巢的确有科举入仕的天赋，他八岁能诗，在家乡是出了名的神童。然而晚唐时期的科举制度已经呈现诸多弊端，不仅录取率极低，连相对的公平都不能保证，逢考必有徇私舞弊的现象，平民百姓想要中举更是难上加难。

那一年，四十岁的黄巢又一次在科举中落榜，他已经记不清这是自己第几次科考失败了。全家人从小就称赞黄巢是个读书的好材料，必能中举，可如今他已人到中年，依然被朝廷排斥在外。对此，黄巢不理解，更不甘心，那天得知自己落榜后，他带着满腔愤懑，在酒肆中把自己灌得酩酊大醉，借着酒劲儿，黄巢将自己的满腹才华化成了一首"反诗"《不第后赋菊》：

> 待到秋来九月八，我花开后百花杀。
> 冲天香阵透长安，满城尽带黄金甲。

写完这首诗，黄巢愤然返乡。他发誓再不踏入科考场半步，什么官职，什么荣耀，统统见鬼去吧，他要投身于江湖，走一条与众不同的路。

写下这首"反诗"时，黄巢还没有造反的念头。他回到家乡曹州冤句（今山东曹县西北），继承了祖业，继续贩卖私盐。

在唐朝，食盐本是官方垄断经营，盐税也是朝廷重要的财政收入之一，因此，私盐贩子是个高危职业，只要被官府抓住，轻则发配充军，重则杀头。

因此，黄家世世代代过的都是刀口上谋生的日子，黄巢虽然是读书人，骨子里也遗传了家族的草莽基因。没能通过科举入仕，黄巢也不再是全村人的希望，他为此始终和朝廷较着劲，愤怒的小火苗在心中上蹿下跳，只要遇到一把"干柴"，就能立刻燃烧出燎原之势。

这把"干柴"很快就来了。

唐僖宗李儇即位时，大唐王朝已经病入膏肓，再加上李儇毫无节制地玩乐，国库日渐空虚，各种苛捐杂税落在百姓头上，民不聊生。

虽然贩卖私盐利润不小，无奈百姓越来越穷，黄巢明显感觉生意一天不如一天。到了乾符元年（874），也就是唐僖宗李儇即位的第二年，全国各地发生水旱灾害，黄巢的家乡受灾最严重，庄稼几乎颗粒无收。州县官员为了保住官位，竟然对灾情隐瞒不报。百姓得不到朝廷的赈济，饿殍遍地，无处控诉。

其实，即便朝廷得知灾情，可能也拿不出钱来赈济灾民。百姓无以为生，只能铤而走险，落草为寇，黄巢也不例外。

当初，黄家为了保证贩盐安全，花重金组织起一支几百人的保安队伍。如今，这支保安队伍成了现成的武装力量，黄巢用家中积蓄打造了一批兵器，带着这群兄弟揭竿而起，造了朝廷的反。

在当时，黄巢并不是造反第一人，濮阳（今河南濮阳）盐贩子王仙芝，带着一支流民队伍，反在了黄巢前头，很快就攻占了曹州、濮州、郓州。

在王仙芝的"鼓励"下，黄巢加快了造反的进程。多年来，黄巢虽然一直在努力备考，但从没有荒废骑射功夫。常年走江湖贩盐的人，都善于打斗，因此，黄巢的这支造反队伍战斗力极强，在当地很有号召力，队伍很快就扩充到五千人。

乾符二年（875），黄巢带着五千人的队伍响应王仙芝。两支队伍合兵一处，战斗力倍增，很快又攻下河南四个州。

不过，这支起义军虽然强大，但毕竟是由流民组成的，兵器和军事素质都不过硬。于是，他们每攻下一座城，就冲入城内洗劫一空，之后火速撤退，绝不多逗留片刻。

各地官员因为心虚，不敢向朝廷上报造反实情。当皇帝李儇得知有人造反时，距离王仙芝最初起义的时间已经过去了一年多。

朝廷消息不够灵通，反应还算迅速，第一时间派出平卢节度使宋威镇压起义。起义军在沂州（今山东临沂）遭遇到朝廷正规军，迅速落败，王仙芝也在乱军中下落不明。

宋威向朝廷报告了王仙芝的"死讯"，之后率兵返回青州。没想到，王仙芝在几个月后又"活过来"了，还带领起义军一口气攻下八座县城，直逼洛阳。

举国震惊之下，朝廷又派宋威前去镇压。这一次，宋威留了心眼儿，他担心朝廷会卸磨杀驴，便和手下人商量，保留起义军实力，只要起义军没杀干净，朝廷就永远离不开他。

于是，荒诞的一幕上演了。只要有起义军出没的地方，官军就远远跟随在后面，保持着三十里左右的距离。起义军攻克城池时，官军在后方观望，只等起义军一走，他们再进城善后。

无论朝廷派出多少个节度使出兵镇压，他们的行径都与宋威大同小异。趁着官军消极怠工的机会，黄巢已经杀出河南，来到了江淮一带。

朝廷眼看江淮不保，官军又不肯出力，只能派宦官出马，带着皇帝的旨意试图招安。

面对突如其来的做官机会，黄巢和王仙芝都有些心动，于是暂停交战，等待朝廷具体任命。

可是，朝廷的任命让黄巢大失所望。皇帝的诏书上只任命王仙芝为左神策军押衙，其余人等一概没有封赏。

黄巢把一腔怒火都撒在了王仙芝头上，他对着王仙芝大喊："你一个人做官，我们这些义军兄弟算什么？我又算什么？"

王仙芝站着说话不腰疼，不停重复一句话："冷静，冷静。"

黄巢怎么可能冷静？他不光言语上冷静不下来，手底下也没留情，把王仙芝打得头破血流，之后就要带兵出走，自立门户。

手下兵士都没有从朝廷那里得到好处，自然愿意跟黄巢走。王仙芝迫不得已，只能杀了来宣诏的宦官，拒绝朝廷的招安。

可惜已经晚了，盟友之间的信任一旦出现裂痕，就再也无法修复。黄巢还是带着一部分兵士走了，起义军内部决裂，给了朝廷可乘之机。

"只有当彻底失去一个人时，才能意识到这个人的重要性。"这句话放在王仙芝身上再合适不过。

黄巢走后，王仙芝的战斗力锐减，很快就被官军包围。王仙芝自知打不过，只能主动请降，并申请朝廷任命他为节度使。

朝廷一面假装答应，一面继续派兵征讨，王仙芝最终战死，其手下残部纷纷投靠黄巢，拥戴黄巢为"冲天大将军"，继续造反。

黄巢起义军的战斗力虽强，却强不过官军。吃了几次败仗之后，黄巢决定率领起义军南下，到官军势力影响覆盖不到的地方。

起义军先后攻下江苏、浙江、福建等地，长驱直入广州。其实，黄巢的野心并不大，他只想找一个景色优美、气候极佳且足够富庶的地方，割据一方，当一个土皇帝。

进入广州之后，黄巢认定自己来对了地方。他跟朝廷谈条件，要求朝廷任命自己为广州节度使，然而，还没等到朝廷回复，广州就爆发了瘟疫。

黄巢被迫离开广州之前，还将城中洗劫一空。之后，起义军经由广西桂林，来到湖北荆州，再转战江西，进入浙江。

当起义军攻破扬州城时，队伍已经扩充至六十万人，黄巢终于有了返回北方的底气。攻破洛阳那一刻，黄巢突然萌生了做皇帝的念头。只要攻破潼关，整个长安城就都是他的了，原来，皇帝梦也不难实现。

当起义军攻进长安城时，年轻的皇帝李儇已经在五百名禁军的守护下逃往蜀中。黄巢在长安含元殿登基称帝，定国号为"大齐"。

这时的黄巢，还和受苦受难的百姓站在同一阵营。他向来痛恨朝廷残害百姓，只要见到穷人，就施舍钱粮，争取民心。

见到官员和皇室成员，黄巢立刻换上另一副面孔。他在长安对皇室宗亲和朝廷官员进行了一场血腥屠杀，据说，来不及逃出长安的皇室宗亲无一幸免，全部惨死在黄巢的屠刀之下。

黄巢还命令手下沿街搜寻，只要见到官吏，一律斩杀，一时间，整座长安城如同人间炼狱。

没过多久，各地节度使联合发兵，攻进长安，黄巢防备不严，被迫出逃。然而，官军进入长安城后，和土匪毫无两样，四处抢劫财物，搞得城中大乱。

黄巢得知消息后，又趁乱杀了回来，重新占据了长安城。不过这一次，他认为是百姓与官军暗通消息，官军才得以打进城。于是，黄巢下令，抢劫富人，夺其妻女，血洗长安。

据史料记载，死于这一场屠杀的人多达八万人，黄巢这支打着正义旗号的起义军，也彻底失去了民心。

当然，封建统治阶级编撰的所谓正史，对于农民起义肯定有栽赃污蔑的情况，对于黄巢大肆屠戮百姓的记载，其真实性是有待商榷的。

唐僖宗李儇逃到咸阳后，号令各地节度使发兵收复两京。黄巢寡不敌众，接连吃了好几场败仗，再加上朱温临阵反水，黄巢在长安再也待不下去，只得仓皇出逃。逃至狼虎谷时，黄巢被内奸杀害，一场轰轰烈烈的唐末起义，至此终结。

沙陀骑兵：炮灰的崛起

　　唐朝是一个多民族融合的朝代，在众多少数民族当中，沙陀族的知名度并不算高，但在整个大唐王朝由兴到衰的历史进程中，沙陀族始终参与其中，并切换着不同身份。

　　最初的沙陀族出自突厥，是整个突厥大家族中最不起眼的一个小部落，当时又名处月部，散居在如今的新疆准噶尔盆地一带。

　　唐朝击败西突厥之后，沙陀族便投靠了唐朝。安史之乱爆发后，吐蕃人趁乱占据了大片西域土地，那时的沙陀族，只是历史上一个毫不起眼的小角色，只能靠依附强者生存，于是归顺吐蕃。

　　沙陀人作战彪悍，因此每次作战时，吐蕃人都让沙陀骑兵作为前锋，替后方主力军队开路。

沙陀人替吐蕃人卖命，并没能换来优待。吐蕃人不过是将沙陀人当作战场上的炮灰，在战场上利用他们，在生活中用暴虐的统治来压榨和欺辱他们。并且，吐蕃人对沙陀人并不信任，总是怀疑沙陀人暗中勾结回纥突厥人，甚至打算将沙陀族举族迁往青海一带。

沙陀百姓误以为即将被灭族，惊恐万分。当时沙陀族的首领是朱邪尽忠，他和儿子朱邪执宜都认为，再度投靠唐朝是更安全的选择。

唐宪宗元和三年（808），朱邪尽忠父子带领全族三万多人逃往唐朝掌管的地界，吐蕃人得知后大怒，派出大部队追杀，沙陀首领朱邪尽忠战死，沙陀族人死伤惨重。当朱邪执宜带领族人残部逃到灵武时，整个沙陀族只剩下一万多人。

当时镇守灵武的唐朝将领是范希朝，他深知沙陀人骁勇善战，就想借助沙陀兵力抵御其他游牧民族的侵犯。在范希朝的安排下，死里逃生的沙陀人终于有了赖以生存之处。

相对于吐蕃人的统治而言，唐朝的统治制度的确更加温和。沙陀人的境遇相对好了一些，地位却没有提高，依然被当作战场上的炮灰。

元和五年（810），唐宪宗派遣六镇兵马讨伐反叛的成德节度使王承宗。沙陀骑兵虽然在吐蕃人的追杀下只剩七百人，但还是在朱邪执宜的率领下担任前锋。凭借惊人的战斗意志和军事素养，七百名骑兵面对数万敌军毫无惧色，在叛军阵地横冲直撞，竟然将叛军困在原地，无法前进一步。唐朝大军趁机绕到叛军后方，将叛军一举击破。

在这场平叛战役中，沙陀骑兵发挥了关键性作用。从此，唐朝将领在出征之前，一定会将沙陀骑兵调入自己的部队。可以说，哪里有战争，哪里就有沙陀骑兵的身影，沙陀骑兵终于从炮灰变成唐朝倚重的军事力量。

唐懿宗咸通九年（868），唐朝将领庞勋发动兵变。朝廷派出一支规模浩大的平叛军队，刚一交手，就被叛军打得一败涂地。直到沙陀骑兵出战，战局才得到扭转。

当时的沙陀首领是朱邪执宜的儿子朱邪赤心，他率领五百名沙陀骑兵奋勇冲锋，挥舞着手中铁锤，在叛军中杀出一条血路，救出大唐主帅，成功击退叛军。

战功赫赫的朱邪赤心被唐懿宗赐姓"李"，改名李国昌，并先后出任延绥节度使和振武节度使，在边境一带抵御回纥对大唐的骚扰。

到了唐懿宗一朝，大唐早已没有了往日的繁荣，李国昌在了解大唐虚实之后，渐渐产生了不臣之心。

朝廷派李国昌担任云州刺史、大同防御使，李国昌却称病拒绝接受任命。与此同时，云州防御使段文楚克扣沙陀军的粮饷，李国昌的儿子李克用一怒之下杀死段文楚，占据云州，自称防御留后。

朝廷曾派兵征讨李国昌父子，然而在骁勇善战的沙陀骑兵面前，大唐官军根本不堪一击。李国昌父子又趁机占领了代州以北的大片土地，于是沙陀人不再是可供大唐倚重的军事力量，摇身一变，成为大唐的边患。

直到唐僖宗李儇即位，李国昌父子依然站在唐朝的对立面，且势力越来越大。

广明元年（880），朝廷任命李琢为招讨使，讨伐李国昌父子。李国昌父子战败，逃往鞑靼。

不过，沙陀人的"叛军"身份并没有持续太久，几年后，黄巢起义爆发，沙陀骑兵将再次受到朝廷的倚重，化身为大唐王朝的守护神。

黄巢起义之后，各地藩镇为了自保，都不和起义军发生正面冲突，导致黄巢起义军迅速坐大，最终攻破潼关，占据长安。

官军不敢与起义军交战，情急之下，唐僖宗只得求助于边疆少数民族，李克用主动请战，在唐僖宗的允准下，率领沙陀骑兵入关收复长安。

在黄巢大军攻占长安，并与各路藩镇军队僵持了两年之后，李克用率领一万两千名步兵和五千名骑兵南下参战，立刻扭转了黄巢起义军与唐朝僵持的局面。

沙陀骑兵如同一场风暴，席卷了整个战场，黄巢手下几十万农民起义军瞬间就被冲撞得支离破碎。横扫天下的沙陀骑兵，用强悍的战斗力，为大唐王朝又续了二十年命。

战后，李克用因为立下首功，被封为河东节度使，之后继续辗转作战，追击逃亡的黄巢。

追击途中，李克用曾在人困马乏之际被朱全忠邀请进汴州城休息。朱全忠趁李克用喝醉，在他居住的驿馆内放了一把火，企图把李克用烧死。李克用在部下的拼死保护下逃了出去，从此与朱全忠结下了梁子。

黄巢之乱后，唐朝朝廷对各地藩镇的约束力几乎为零。各藩镇节度使跃跃欲试，想要冲出自己这一方割据的天地，到广阔的中原去拼一拼实力。

软弱无力的朝廷根本无暇顾及李克用与朱全忠之间的矛盾，只能在中间和稀泥。虽然李克用与朱全忠没有立刻展开火拼，但都开始暗地里积蓄实力，扩张地盘。

李克用率领沙陀骑兵，南取昭义，北攻幽州、云州，其手下养子个个骁勇善战，威震中原，很快就成为中原地区实力最强的藩镇。

而朱全忠则以讨伐在蔡州称帝的秦宗权的名义，招兵买马，打着正义的旗号，迅速扩充自己的兵力。

在晚唐时期的诸多藩镇中，最终能够一较高下的只剩下李克用和朱全忠。两人之间开始了旷日持久的晋汴争霸，最终，朱全忠占到上风，并有了篡夺帝位的野心。

唐昭宗：用力过猛导致动作变形

唐僖宗李儇病重时，有两伙人最着急，一伙是大臣，另一伙是宦官。

大臣们一致认为，吉王李保是继承皇位最合适的人选；宦官们则更希望与自己亲近的寿王李杰即位。

最终，在李儇的首肯之下，寿王李杰被立为皇太弟。李儇驾崩后，李杰在宦官杨复恭的拥立下，在灵柩前即位，改名李晔，是为唐昭宗。

李晔登基后，一直奋发图强，想要恢复和扩展先朝旧业，匡扶社稷。可惜，他命运不济，偏偏生在大唐崩塌的前夕，无论李晔怎么努力，都难以挽回大厦将颓之势。而且，因为急于求成，李晔做事的方式方法过于激进，反而让局面变得更糟。

就在李晔即位第一年，河东节度使李克用为了扩大地盘，向北攻打云州。云州刺史赫连铎向卢龙节度使李匡威求救，李匡威带来三万援军，击退了李克用的河东军。与此同时，李克用派去河南攻打朱全忠的军队也惨遭全歼。

抱着"痛打落水狗"的想法，朱全忠、李匡威、赫连铎三人联合上书朝廷，希望皇帝能利用李克用兵力受损的机会，一举收复河东。

李晔不愿放弃这个收拾藩镇的好机会，立刻召集天下藩镇共同出兵讨伐李克用。当时，一共有九大藩镇积极响应，派兵赶往长安，与朝廷的神策军会合。

这一次，李晔掏出了全部家底儿，神策军悉数出动，与九大藩镇联军一同浩浩荡荡杀向河东。

把收拾藩镇的希望寄托在藩镇节度使身上，不得不说李晔还是太天真了。前来响应的九大藩镇中，只有镇国节度使韩建卖力打仗，另外八个藩镇都是来混的，见便宜就上，见情况不妙就跑。

韩建打算趁夜间偷袭河东军，不料中了河东军的埋伏，在一旁观战的另外八个藩镇相当默契，齐刷刷地向后撤退，没有一个人上前支援。

仗打成这样，如果能赢才是"见了鬼"。两场败仗下来，各藩镇争先恐后退兵。李晔本打算通过讨伐李克用来稳固中央政权，没想到却被藩镇联起手来打了脸。

其实，只要李晔静下心来反思一下，就不难发现，错误还是出在他自己身上。

归根结底，李晔还是错在太心急。作为一名刚刚登基的新皇帝，李晔自己尚且立足不稳，这个时候讨伐李克用，有些过于轻率。

为了征讨李克用，李晔临时组建起一支十万人的神策军。可是，一支临时组建的部队，战斗力能有多强？怎么和兵强马壮、战斗经验丰富的河东军较量？

朝廷战败之后，新组建的神策军损失惨重，从而变相削弱了李晔的皇权。并且，这场毫无必要的战争还造成了巨大的负面效果，那就是导致李克用与朝廷之间的裂痕越来越大。

在这场战争之前，李克用对朝廷暂时还没有取而代之的想法。然而，朝廷战败后，李克用直接给李晔写了一封信，上面写道："我已召集五十万蕃、汉兵士，愿与朝廷决战。如果我输了，甘愿接受朝廷处置；如果我赢了，就到陛下的宫殿里，在陛下的宝座旁边杀死奸臣，向先帝谢罪。"

这分明就是一封宣战书，李晔读过之后又气又恨，气的是李克用竟敢如此赤裸裸地威胁皇帝，恨的是藩镇联军竟然联起手来耍他，关键时刻让他成了光杆司令。

除了向李克用道歉，李晔想不出更好的解决办法。他将朝中主张讨伐李克用的大臣悉数罢免，又下诏恢复李克用的官职。李克用虽然余怒未消，但还要给皇帝留点面子，于是带兵撤回河东。

没能团结好李克用，是李晔人生中巨大的败笔之一。他的另一个失败之处，就是没能用正确的方式处理宦官问题。

宦官杨复恭因为拥立昭宗有功，被任命为金吾上将军，专门统领禁军。杨复恭在玩弄权势方面的确有一套，为了扩大权势，杨复恭收养了一大批"儿子"，广泛培植党羽，四处安插亲信，把自己的养子们都安排到重要岗位，不是节度使就是刺史，或者担任监军，把地方军政大权牢牢掌握在手中。

因为与国舅王瑰有仇，杨复恭就指使自己的养子在王瑰上任途中将其暗杀，还伪装成意外沉船。李晔得知真相后，对杨复恭恨之入骨，从此，皇帝与宦官之间的关系日益恶化。

杨复恭掌控着守卫京师的禁军，有恃无恐地对抗着皇权。李晔却没有采取怀柔政策，一味采用强硬的手段与杨复恭正面冲突。

李晔知道，杨复恭有一半的底气都是他的养子们给的，于是，他打算从离间杨复恭与养子之间的关系下手。

李晔将杨复恭的养子之一杨守立封为六军统领，并赐姓"李"，赐名"顺节"。不到一年，他又提拔李顺节为天武都头，领镇海节度使，寻加同平章事。

李顺节见能从皇帝这里捞到实打实的好处，便立刻反水，将杨复恭弄权的罪证统统告诉了李晔。

大顺二年（891）八月，李晔下令解除杨复恭手中兵权，将其调往凤翔当监军。杨复恭称病，拒不就任，李晔索性准许他告老还乡。

杨复恭心生不满，杀死前来宣诏的使臣，还暗中与养子们串通，准备公开与朝廷抗衡。

李晔得知后，派出李顺节率兵逮捕杨复恭。杨复恭的其余养子闻讯赶来支援，协助杨复恭逃往兴元。

李晔利用李顺节打跑了杨复恭，却没想到李顺节凭着这一点点功劳，变得日益骄横。李晔一怒之下杀死了李顺节，可是，还是没能完全掌握皇权。

杨复恭逃到兴元后，积极筹划谋反。凤翔节度使李茂贞主动申请前去讨伐杨复恭，然而李晔并不信任李茂贞，迟迟没有回复。

没想到，李茂贞竟然私自发兵攻打兴元，斩杀杨复恭，之后又趁机扩展地盘，谋反的意图已经相当明显。

如果李晔当初将杨复恭明升暗降，架空杨复恭的兵权，或许既能遏制宦官权势，也不会让事态发展到如今的地步。

可惜历史没有如果，已经一错再错的李晔，在讨伐李茂贞这件事上，又做出了错误决定。

宰相杜能坚决反对发兵征讨李茂贞，原因很简单，大唐已经没钱又没兵了。可是李晔执意要打，既然兵力不够，那就再临时组建一支队伍。

于是，一支由"市井少年"组成的禁军队伍诞生了。一群半大孩子，既无勇也无谋，到了战场上，还没看见李茂贞的将旗，就纷纷逃得无影无踪了。李茂贞长驱直入杀进长安，站在李晔的面前，质问他："为什么不信任我，还派兵来打我？"

李晔支支吾吾半天，一句话也说不出来，只能杀死招募兵士的宰相，算是向李茂贞谢罪。

眼见李茂贞占领长安，远在河东的李克用有点不甘心，打着"勤王"的旗号出兵。李克用还没到长安，李茂贞就先被吓跑了。这样一来，李克用也被架在了半路上，没有了前进的借口，只能讪讪退兵。

好不容易消停下来的李晔，一颗不安分的心又蠢蠢欲动。他命令各路藩王秘密招兵买马，李茂贞得知后，又杀了过来。

这一次，李晔没有给李茂贞"审问"自己的机会，抢先一步逃到了镇国节度使韩建那里。没想到，韩建也不是什么好东西，他要求李晔解散神策军，李晔不肯，韩建就派兵包围了皇帝行宫。李晔束手无策，只能将神策军悉数归入韩建麾下。

李晔本以为，满足了韩建的要求，韩建就可以护他周全，没想到，十几天后，韩建对皇室成员展开了血腥屠杀，十一名王爷惨死刀下，之后才写信给李茂贞，让李茂贞退兵。

李晔回銮时，长安早已变成一座空城。皇室成员几乎被杀尽，大臣出逃避祸，只剩下宦官还陪伴在李晔身边。

不过，宦官们并非忠心，他们暗中勾结李茂贞和韩建，将李晔反锁在房间里，并派兵看守，任何人不得接近。一代天子李晔，就这样沦为囚徒。

傀儡：两个无赖抢夺江山，皇帝沦为战利品

在被宦官软禁之前，李晔已经在镇国节度使韩建手中度过了三年软禁岁月。

韩建原本打算挟天子以令诸侯，然而乾宁五年（898），朱全忠占据了东都洛阳，局势一下子变得对韩建不利了。

利益面前没有永远的朋友，自然也没有永远的敌人。为了应对突如其来的变化，韩建与李茂贞、李克用暂时结盟，三人一商量，宁可让李晔回到长安，也不能让他落到朱全忠手里。

这年八月，李晔返回长安，改元"光化"，作为自己重返家园的庆祝。

可是，没过多久，身边的人渐渐发现，李晔变了。

李晔自从登基以来，每一次踌躇满志地想要干一番事业，必然遭遇毁灭性打击。几番打击下来，他开始怀疑自己是真的一无是处。在诸多藩镇节度使中，李晔最信任的就是镇国节度使韩建，然而偏偏是这个最令他信任的人，将他挟持在手长达三年，还杀死在他身边护驾的所有王爷。

被最信任的人背叛，已经让李晔走到崩溃的边缘。回到长安后，他所有的雄心壮志统统化作飞灰，唯一能让他高兴起来的事，就是喝醉酒后诛杀宫人。

崔胤第四次担任宰相之后，因为憎恨宦官专横，一直心存铲除宦官的念头。借着李晔回京的机会，崔胤屡次劝说李晔杀掉几位专权的宦官。宦官们因此人人自危，恨透了崔胤。

然而崔胤大权在握，在朝堂上一手遮天，宦官们拿他没有办法，只能打皇帝的主意。

以左神策军中尉刘季述为首的宦官集团秘密商议，打算废黜李晔，拥立李晔的儿子李裕为太子。

光化三年（900）十一月，李晔狩猎归来，饮酒庆祝。醉酒后，李晔又杀了几个小太监和小宫女。借着李晔醉酒误杀宫人的过失，宦官刘季述带兵闯入皇宫，大声指责李晔："像你这样胡作非为，怎么能治理好天下？"说完，就把李晔和皇后押往少阳院幽禁起来。

面对已经沦为阶下囚的李晔，刘季述还忍不住翻起了旧账。他比比划划地指责李晔：某年某月某件事，你不肯照我的话做，这是罪过之一；某年某月某件事，你还是不肯照我的话做，这是罪过之二……

像这样数落了半天，身为皇帝的李晔一声不吭，刘季述可能也觉得说多了没意思，离开了少阳院。

临走之前，刘季述让人锁上了宫门。为了防止李晔逃跑，还让人在锁眼里灌上熔化的铁水，之后又在宫墙的墙根处挖了一个小洞，每天的食物只能通过这个小洞送进去。

当时正值严冬，宦官们却只给食物，不给御寒的冬衣。李晔身边的宫人们被冻得痛哭哀号，凄惨至极。

光化三年（900）十一月初七，刘季述矫诏拥立太子李裕即位，更名李缜，称李晔为太上皇。为了防止李晔复辟，刘季述将李晔亲信的宫女、方士、僧道全部杀死。他原本也想杀死宰相崔胤，可是崔胤有朱全忠当靠山，宦官们不敢动他，刘季述只能免除崔胤的宰相职务。

崔胤虽然没了官职，却没有闲着。他一面给朱全忠写信，请他入朝诛杀宦官；一面暗中寻找朝中可以结盟的力量，想办法解救李晔。

很快，崔胤就找到了最佳帮手。

神策军使孙德昭听说皇帝被软禁，十分气愤。崔胤暗中联络孙德昭，对孙德昭许以高官厚禄，请他寻找机会铲除宦官，解救皇帝。

孙德昭立刻答应下来，并为自己找了两个帮手：右神策军的董彦弼和周承诲。三人约定好，除夕分头行动。

除夕，孙德昭事先埋伏在宦官王仲先上朝的必经之路，第二天一早，乘其不备，一举将王仲先诛杀。之后，孙德昭赶往少阳院，将被囚禁了半年多的李晔放了出来。

另一边，董彦弼和周承诲则带人诛杀刘季述和其宦官同党。事成之后，在崔胤、孙德昭、董彦弼、周承诲四人的拥立下，李晔复位，并赦免了李裕，改年号为"天复"。

因为解救皇帝有功，崔胤被加封司徒，朱全忠被封为东平王，孙德昭被赐名"李继昭"，封为静海节度使；周承诲和董彦弼也被赐姓"李"，分别封为岭南西道节度使和宁远节度使。

在解救皇帝李晔的过程中，凤翔节度使李茂贞全程都没有参与，更没有一星半点的功劳，却特意从凤翔赶到长安，厚着脸皮请求李晔封自己为岐王。李晔同意了，李茂贞从此更加跋扈，不把任何人放在眼里。

崔胤想趁这次宫变的机会，借助朱全忠的力量，将宦官一网打尽。大宦官韩全诲不肯坐以待毙，也为宦官集团找到一个强大靠山——刚刚获封岐王的李茂贞。

天复元年（901）十月，朱全忠在接到崔胤的书信后，率领七万精兵入潼关。宦官韩全诲立刻联合李茂贞，请李茂贞派兵守护长安。

不过，朱全忠并没有第一时间赶往长安，而是先顺路去攻打李茂贞的同党韩建。韩全诲和李茂贞则趁着这个空当，把李晔挟持到凤翔。

朱全忠得知后，对李茂贞紧追不舍，很快就追到凤翔城下。凤翔易守难攻，一时间难以攻破，朱全忠就派兵将凤翔团团包围，之后又分出一部分兵力，攻打李茂贞的其他地盘。

李茂贞假借李晔的名义，召集天下藩镇前来勤王救驾。李克用第一个站了出来，派兵攻打朱全忠的地盘。无奈之下，朱全忠只得带兵回去救援。

天复二年（902）五月，朱全忠再次率领五万兵马入关，接连攻下多座城池。李茂贞的同党纷纷投降，只有李茂贞坚守不出。

当时，凤翔已被朱全忠围困了一年多。这一年雨雪格外多，城中粮草用尽，每天都有上千人冻死饿死。皇帝李晔的饮食也供应不上，他每天只能喝一点稀粥充饥，饿得浑身无力，只能眼睁睁地看着身边的宫人每天都有饿死的。

就连皇帝的日子都如此难过，城中百姓的日子更加凄惨，人吃人的现象已经十分普遍。

后来，朱全忠用计诱使李茂贞出城应战。战场上，朱全忠的军队骂李茂贞是"劫天子贼"，李茂贞的军队则骂朱全忠是"夺天子贼"，场面相当滑稽。

最终，李茂贞惨败，兵力死伤大半，剑南西川节度使王建还趁火打劫，夺取了李茂贞掌控的山南十四州。

天复三年（903）正月，李茂贞实在坚守不下去，便将韩全诲等二十多名宦官全部斩杀，将他们的头砍下来，送给城外的朱全忠。

一同被送出城的，还有皇帝李晔。他就像一个战利品一样，被李茂贞亲手送到朱全忠手中。朱全忠带着自己的"战利品"，志得意满地撤了兵，去往长安。

从此，朱全忠的实力越发强大，他将李晔当作傀儡掌控起来，也将大唐王朝的命运牢牢掌控在自己手中。

覆灭：五代十国，乱世再起

回到长安后，朱全忠命令手下士兵将皇宫中剩余的几百名宦官全部赶到内侍省杀害，至此，唐朝宦官势力彻底退出历史舞台。

之后，李晔任命朱全忠为诸道兵马副元帅，又加封朱全忠为梁王，赐予他"回天再造竭忠守正功臣"的荣誉称号，还亲自为朱全忠撰写了五首《杨柳词》。

这些虚无缥缈的赏赐，朱全忠根本不在意。此时的他，已经有了称帝的野心。

在朱全忠的监控之下，李晔毫无反抗之力，只能苟延残喘地度过余生。

在朝堂上，崔胤借着朱全忠的威势，大肆排除异己。不过，这对因利益而结盟的"合伙人"，注定也会因利益而分崩离析。

朱全忠任命自己的侄子朱友伦为宿卫使，掌控整个京城的防卫系统。与此同时，崔胤也在暗中组建禁军，试图摆脱朱全忠的控制。

巧的是，朱友伦在一次打马球时意外坠马身亡，朱全忠以为是崔胤暗中加害，便向李晔上书，说崔胤专权乱国，要求严惩。

李晔哪有做主的权力？朱全忠说什么就是什么。崔胤被罢免后，朱全忠又让手下兵士制造乱局，趁乱闯进崔胤府中杀死崔胤，又闯进京兆府，杀死几十名大臣。

朱全忠之所以这样做，是想在京城中制造恐怖气氛，挟持李晔迁都洛阳。

李晔根本不愿离开长安，可是一想到那些被屠杀的大臣，李晔的一颗心就沉到了谷底。如今，满朝文武，已经没人敢违抗朱全忠的命令。天祐元年（904）正月，朱全忠再次上表，请求迁都洛阳。

这哪里是请求，分明是催促，是逼迫。李晔根本没有反对的资格，不过，离京之前，他还想做一番最后挣扎。

在准备迁都的过程中，李晔向淮南、西蜀、河东、凤翔等藩镇发出了求救密信，希望有人能出兵讨伐朱全忠，拯救大唐于危亡之际。

李晔知道，此刻是自己最后的求救机会，一旦抵达洛阳，朱全忠一定会将他幽禁起来，到时候再想求救也不可能了。

然而，面对战无不胜的朱全忠，各个藩镇节度使都怂了，没有人敢站出来替李唐王室撑腰，无奈，李晔只能万般不情愿地踏上迁都之旅。

李晔前脚离开京城，朱全忠后脚就派人拆毁了长安的宫室，并将拆下的木材运往洛阳，用来修建新宫室。

长安的百姓们也在朱全忠的胁迫下迁居洛阳，无端遭受背井离乡之灾，沿途百姓哭成一片。然而，即便他们不想走，长安也再没有供他们居住的地方，他们熟悉的家园，早已被拆成一片废墟。

当皇帝的车驾路过华州时，华州百姓夹道相迎，高呼万岁。看着眼前热闹的景象，李晔哭了，他哽咽着对道路两旁的百姓说："别喊万岁了，朕早就不是你们的君主了。"

自从登基以来，李晔几经漂泊，一次又一次被挟持，根本不知道自己下一站将漂泊何处，更无法掌控自己的性命。就连想说一说心里话，他也找不到人倾诉，因为朱全忠早已把李晔身边的宫人统统杀害，全部换成了朱全忠的亲信。

由于洛阳的宫室还没有修建完毕，李晔只能暂时在陕州滞留。在这里，朱全忠再一次苦口婆心地对李晔讲述，迁都是为了皇帝好。

他说："陛下要怪就怪李茂贞吧，他一次又一次发兵逼迫京师，陛下如果继续留在长安，实在是太危险了。老臣远在汴州，总不能一次又一次入关平叛吧？如果陛下留在老臣身边，那就安全了。"

一番话说得漂亮，李晔却越听越恶心。虽然知道朱全忠是睁着眼睛说瞎话，但李晔又能拿他怎么样？毕竟以后还要在朱全忠手底下讨生活，李晔只能一边夸朱全忠想得周到、自己感激不尽，一边送上各种赏赐，和朱全忠套近乎。

几天之后，朱全忠要提前赶回洛阳，安排迁都事宜。李晔在内廷举办宴席，为朱全忠送行。

对于李晔而言，这场宴席是他拯救大唐王朝的最后机会，如果能在宴席上杀死朱全忠，再以皇帝的身份号令众将士，也许大唐还有救。

宴席上的气氛实在有些诡异，朱全忠发现，时不时就有宫人来到李晔身边，在李晔耳边小声嘀咕几句。再看看身边伺候自己的这几个宫人，个个五大三粗，并且从朱全忠落座那一刻起，这几个人就寸步不离，明显有所图谋。

没等宴席开始，朱全忠就提前离席，夺门而出。看着朱全忠匆匆离开的背影，李晔终于意识到，大唐真的完了。而朱全忠在走出内廷的那一刻起，就已经起了杀心。

天祐元年（904）八月十一夜晚，李晔正在洛阳皇宫安歇，朱全忠手下的蒋玄晖和史太率领一百多人深夜造访，说有急事奏报，要面见皇帝。李晔的妃子见来人实在太多，本想阻拦，被史太一剑杀死。

李晔正在寝殿准备睡觉，听到外面乱哄哄的，感觉不妙，急忙起身。然而史太已经提着剑冲了进来，李晔连外衣都来不及穿，就被史太杀害，时年三十八岁。

第二天，蒋玄晖假传圣旨，立辉王李祚为太子，改名李柷。

中午时分，年仅十三岁的李柷在李晔灵柩前即位，是为唐哀帝。可怜的小皇帝被朱全忠吓坏了，连年号都不敢立，依然沿用父皇的年号"天祐"，可惜，上天已经不肯再保佑李唐王朝了。

李柷即位后，为朱全忠加授相国，总百揆，原先的职务依旧保留。其实，这一切都是朱全忠自己的主意，不过是借小皇帝之口说出来罢了。至此，朱全忠已经将政权牢牢握在手里，所缺少的不过是一个皇帝的头衔而已。

朝中一切事务，身为皇帝的李柷都没有决策权。他曾主张封自己的乳母为昭仪和郡夫人，还希望能举行祭祀大典，都被朱全忠一口否决。此后，李柷再没有过任何政治主张，那些以皇帝名义下达的敕令，也全都出自朱全忠之口。

天祐二年（905），朱全忠指使蒋玄晖在九曲池大摆宴席，并热情邀请李晔的九位皇子，也就是李柷的九位皇兄弟赴宴。趁着九位王爷喝得尽兴，蒋玄晖派人将他们全部勒死，将尸体投入池中。

九位王爷惨死，只是这场惊天屠戮的开端而已。

朱全忠身边有一个得力谋士，名叫李振。李振曾用了二十年时间参加科举，却屡试不中，因此，他生平最痛恨那些出身大族的官僚和科举出身的官员。他对朱全忠说："这些官僚自命不凡，说自己是清流，应该把他们全部杀掉，扔进黄河，让他们永远变成浊流。"

朱全忠笑着答应了。

天祐二年（905）六月，朱全忠假借圣旨，将三十多位朝臣诛杀于黄河边的白马驿，将尸体投入黄河，史称"白马驿之祸"。

之后，朱全忠又谎称何太后与蒋玄晖私通，将二人处死。小皇帝李柷只能被迫让自己的亲生母亲背下这个黑锅，下诏称何太后是因为私通事发自尽而死，将何太后贬为庶人。

此时，朱全忠不仅权势滔天，并且掌握着天下人的生杀大权，皇室成员的命，统统攥在他手里。

白马驿之祸后，忠于唐朝的势力被一扫而光，朝堂上只剩下朱全忠的拥趸。李柷加封朱全忠为魏王，朱全忠一连三次拒不接受，还明显表现出很生气的样子。小皇帝李柷终于意识到，魏王的头衔已经满足不了朱全忠的野心了，他真正想要的，是皇位。

天祐四年（907），李柷被迫禅位，朱全忠登基称帝，改国号为"梁"，史称"后梁"。朱全忠封李柷为济阴王，迁往曹州（今山东菏泽）。

一年后，年仅十七岁的李柷被毒杀，至此，大唐王朝历经二百九十年，终于陨落。

从朱全忠建立后梁开始，中国历史又进入一段大分裂时期。继后梁之后，中原地区先后建立起后唐、后晋、后汉、后周五个政权，史称"五代"，中原地区之外的割据政权则纷纷自立为皇帝，建立"十国"。

五代十国历时五十余年，将曾经大一统的唐朝拆分得四分五裂。纷繁乱世，你方唱罢我登场，相互攻打，不断更替，曾经的大唐盛世，变成了历史上的一个符号，只供凭吊，再无人有幸得见。

后记

关于唐朝的故事，似乎永远也说不完。中华上下五千年历史，大大小小的王朝政权不计其数，唐朝，是其中最迷人的一个。有时候我也会幻想：如果能够穿越回唐朝，会经历怎样的生活？

可以确定的是，如果生活在唐朝，我们同样可以毫无顾忌地聊"八卦"，哪怕是宫闱秘事、朝政纠纷，普通百姓也可以畅所欲言。

在历代皇帝当中，唐朝的皇帝算得上最大度的一批人，他们允许百姓抨击时政，哪怕是有人写诗讽刺皇帝，他们也大多一笑了之。骆宾王写檄文讨伐武则天时，武则天还夸赞他有才华，这就是最好的例子。除此之外，杜甫写诗抨击朝廷穷兵黩武，从而为百姓带来苦难；白居易和杜牧等人写诗讽刺皇帝贪恋女色而误国，却从来没有遭到过皇帝的责难。

如此可见，唐朝的皇帝大多胸襟广阔，能包容，不计较，所以与其他封建王朝相比，唐朝的言论相当自由。

作为女性，一直想感受一下唐朝女性的社会地位究竟有多高。

女性的社会地位，决定着一个朝代的开放程度。从史料中，我们可以了解到，唐朝女性的服饰风格十分开放，甚至相对一些封建礼教过于严苛的朝代，唐朝女性的装扮简直可以称之为"放肆"。

她们穿得开放，言行举止也开放自由。唐朝女性可以和男人一起骑马、打球、击剑，也可以随意出席公众场合，男女之间也存在纯粹的友谊，这些方面已经与现代社会极为相似。

唐朝社会对女性的包容不只体现在生活层面，唐朝二百九十年历史，在政坛熠熠生辉的女性举不胜举：武则天、上官婉儿、太平公主，以及晚唐时期的"尚宫五宋"，都是政治舞台上的耀眼之星。作为一名普普通通的文艺女青年，在唐朝政治女性的光环笼罩下，说不定还会有些自惭形秽。

如果真的能穿越，我最希望能梦回盛唐。那是中国历史上最富庶的时代之一，据说在唐玄宗时代，家家户户都有丰富的存粮，人口数量更是达到整个唐朝的巅峰，历朝历代也鲜有超越。

盛唐辽阔的疆域，可以随时来一场说走就走的旅行。那时的唐朝，军事实力和行政管理水平一流，走到哪里都有满满的安全感。

电影里有一句台词"犯我中华者，虽远必诛"，这句话改编自东汉班固的《汉书》中的"明犯强汉者，虽远必诛"。纵观历朝历代，能真正做到这一点的皇帝屈指可数，其中就包括唐太宗李世民。所以，国力强盛时的唐朝，一定是一个可以让人扬眉吐气的时代。

在唐朝，购物也不是难事。尤其是长安，作为当时全球最大的国际都市，长安聚集了来自世界各国（甚至包括欧洲与非洲）的商人，琳琅满目的"进口"商品云集长安东市与西市，尤其是西市，大量胡人在此聚居，他们带来大批具有异域特色的商品，集中在此出售。因此，在大唐西市，也可以感受到"海淘"的乐趣。

外国人在中国当官，是唐朝开创的先河。在华求学的日本人阿倍仲麻吕曾官居二品，获封公爵，堪称外交史上的一段佳话。

以上种种，都让我没有办法不热爱唐朝。虽然唐朝的光辉早已褪去，但属于它的时代韵味，可以流传千年，直至今天，依然令人追思。